루나 씨! 정말 리폼이 좋아요?

김문정 지음

for book

리폼이 좋아

루나, 김문정입니다

Prologue

내 별명은 루나(Luna), 스페인어로 달(Moon)이라는 뜻이다. 오래전, 외국 친구들과 만나는 자리에서 우연히 지어진 별명이다. 부르기 쉬운 이름이라 홈페이지 이름도 '루나홈'으로 지었는데 이렇게 오래 쓰게 될 줄은 몰랐다. 지금은 내 이름 김문정보다 루나가 더 익숙해졌을 정도다. 이 이름으로 홈페이지를 만들었다가 작게나마 패브릭 사업도 했고, 원단 디자인도 해보고, 작업실도 가져봤으니 어지간히 할 일은 다 해본 셈인가 보다. 언젠가는 마당 딸린 집 1층 차고에 나만의 작은 숍을 내는 게 꿈이다. '루나홈'이라는 이름으로 말이다.

루나 아줌마. 사람들은 나를 이렇게 부른다. 친근한 호칭이다. 아줌마로 사는 평범한 일상이 즐겁다. 내게 즐거움을 주는 일 중 하나가 리폼이다. 나는 좀 이상한 뇌 구조를 가지고 있는지, 대부분의 사람들이 옷이나 물건을 살 때 가장 마음에 드는 걸 고르려고 한다면, 나는 조금 손을 봐서 더 멋지게 변화시킬 수 있는 것을 고른다. 리폼 효과를 극대화할 수 있는 것만 찾아 헤매는 것 같다. 게다가 2% 부족한 물건들은 값이 싸다는 장점도 있으니 더 좋다.

그러다 보니 리폼은 곧 나의 생활이자 활력소가 되었다. 나만의 생각대로 만들고 고쳐 놓고 나면 그렇게 즐거울 수가 없다. 사실을 말하자면 이런 DIY에는 계보가 있다. 돌아가신 외할머니도 언제나 옷을 손수 고쳐 입으셨고, 일흔 살이 다 된 이모 역시 아직도 청바지나 모자 같은 것들을 손바느질로 리폼해서 철마다 같은 옷을 다르게 입으신다. 게다가 벌써부터 우리 애들 중에서 둘 정도는 싹이 보인다. 못 말린다.

7~8년 전쯤일 거다. 셋째 딸을 낳고 겨우 몸을 추스를 즈음, 〈에프북〉에서 '루나홈' 이야기를 책으로 내보면 어떻겠느냐고 물어왔다. 나의 버킷리스트 1순위가 나만의 이야기를 책으로 엮어 내는 거여서 생각하지도 않고 OK를 외쳤다. 하지만 육아와 일에 지쳐 있는 현실은 그리 녹록지 않았고, 나는 목차 한 줄도 짜지 못한 채 세월을 흘려보냈다. 아니, 그 후로 몇 년간은 마치 빚쟁이를 피해 도망 다니듯 에프북 에디터를 피해 다녔다.

이제 나의 세 딸은 아가씨들처럼 훌쩍 자랐고, 내 나이 마흔이 되었다. 인생을 80년으로 잡는다면 마흔은 터닝 포인트인 셈이다. 지금 하지 않으면 영원히 못할 것 같은 위기감이 들어서 과감히 그 오래된 프로젝트를 다시 꺼냈다. 루나의 영원한 주제인 리폼 이야기를 말이다. 유행 지난 옷들도 본전 생각이 나서 쉬 버리지 못한 채 끌어안고 사는 게 나란 사람이다. 집도 다르지 않다. 내 삶은 온통 그렇게 고치고 만들어 쓰는 일로 가득 차 있다. 5천원 리폼이란 부담없는 이름으로 모두에게 말을 걸고 싶었다. 재료비 하나도 들이지 않고 고칠 수 있는 아이디어들도 꽤 많다. 돈 들이지 않아도 얼마든지 누릴 수 있는 작은 사치 혹은 행복. 그것이 궁금하다면 루나와 함께하는 리폼의 세계에 뛰어들어 보기를 권한다. 내 손으로 만들어가는 작은 삶이 얼마나 보람 있는지를 곧 알게 될 테니.

루나, 김문정 씀

혹시 여기가 루나네 리폼 가게 맞나요?

네! 그런데 책 내는 작업하느라 당분간 쉽니다.

Contents

05   <u>prologue</u> 루나, 김문정입니다

1장 헌 옷 다오 새 옷 줄게! 정말이야?

아이 티셔츠 고쳐 입히기
27   꽃무늬 아플리케 티셔츠, 멜빵 단 노랑이 티셔츠, 빈티지 손수건 리본 티셔츠
29   다리미로 붙이는 간단 티셔츠 리폼, 마트표 티셔츠가 봄 원피스로 변신
31   물려 입혀도 덜 미안한 리버티 프릴, 옷핀과 아플리케 기법 더한 티셔츠

셔츠의 재발견
33   러플 디테일 셔츠, 리넨 셔츠에 나만의 이니셜을, 자수 포켓 화이트 셔츠
39   셔츠로 만든 앤티크 화이트 잠옷
41   레이스를 덧댄 셔츠
42   리넨 긴팔 셔츠를 반팔로, 자른 소매로 만든 라벤더 향낭
43   검정 리본 덧댄 거즈 셔츠

데님에게 물어봐
45   적당히 찢어진 청바지, 핸드메이드 허리띠
47   청바지를 리폼한 데님 스커트
48   데님 패치 가방
51   데님 슬리퍼
52   고무 밴드로 청바지 허리 줄이기
53   일자바지를 슬림 핏 팬츠로

니트 소재 옷을 잘 입는 지혜
56   스웨터를 카디건으로 리메이크
57   남편이 안 입는 니트, 최신 유행 슬릿 니트로
58   샤넬 스타일 카디건
59   평범한 카디건을 로맨틱하게 바꾸는 구슬 트리밍
60   아빠 스웨터는 아이 조끼 원피스로, 팔뚝은 강아지 옷으로
63   유행 지난 허리 잘록한 니트가 미니 망토로

아우터 리폼은 짜릿해!
64   남편의 스웨이드 재킷을 나의 오버사이즈 재킷으로
66   가죽 재킷을 멋진 클러치로
67   10년 넘은 무스탕 코트, 조끼로 변신
68   보라색 물을 들인 리넨 소재 트렌치코트
70   더플코트 리바이벌

액세서리는 더 쉽다!
74   리넨 바덴 레이스 스카프
75   레이스 머리띠
77   펠트 단추 목걸이
78   레이스 칼라 장식
81   리버티 진주 팔찌
83   네오디움 자석 브로치
84   손을 자유롭게 쓸 수 있는 니트 워머
85   토끼털 가죽 덧댄 가방

2장 하면 된다! 헌 집, 헌 살림 고쳐보기

수리 수선과 장식

- 103 현관
- 104 바질색 중문 페인팅
- 105 곰팡이 벽 다시 칠하기
- 106 욕실
- 111 부엌
- 115 거실과 방

나무

- 125 아이가 주워온 자연 소재로 만든 액자
- 126 내추럴 나무 훅
- 127 나뭇가지 옷걸이
- 129 나무쟁반 만들기, 캔버스 틀로 만든 루나홈 간판
- 130 부엌에 프로방스풍 선반 달기
- 131 수납장에 선반 더하기
- 132 작은 상자 리폼
- 133 침대에도 위아래가 있어!
- 134 어라 괜찮네! 일석이조 테이블 상판
- 136 자투리 고재에 그린 그림
- 137 초간단 신발장
- 138 장식 벽걸이
- 139 작은 서랍장 리폼

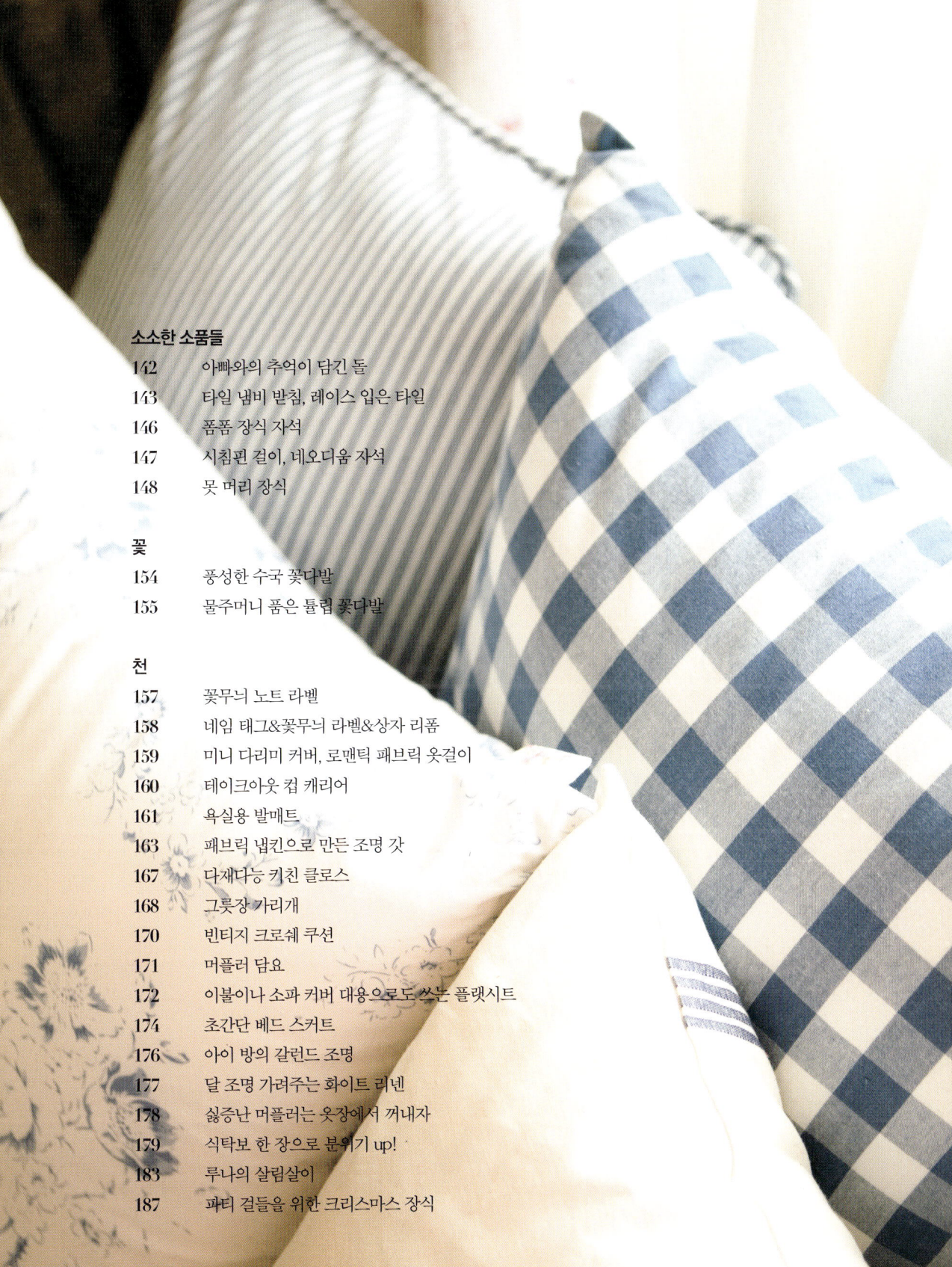

소소한 소품들
- 142 아빠와의 추억이 담긴 돌
- 143 타일 냄비 받침, 레이스 입은 타일
- 146 폼폼 장식 자석
- 147 시침핀 걸이, 네오디움 자석
- 148 못 머리 장식

꽃
- 154 풍성한 수국 꽃다발
- 155 물주머니 품은 튤립 꽃다발

천
- 157 꽃무늬 노트 라벨
- 158 네임 태그&꽃무늬 라벨&상자 리폼
- 159 미니 다리미 커버, 로맨틱 패브릭 옷걸이
- 160 테이크아웃 컵 캐리어
- 161 욕실용 발매트
- 163 패브릭 냅킨으로 만든 조명 갓
- 167 다재다능 키친 클로스
- 168 그릇장 가리개
- 170 빈티지 크로쉐 쿠션
- 171 머플러 담요
- 172 이불이나 소파 커버 대용으로도 쓰는 플랫시트
- 174 초간단 베드 스커트
- 176 아이 방의 갈런드 조명
- 177 달 조명 가려주는 화이트 리넨
- 178 싫증난 머플러는 옷장에서 꺼내자
- 179 식탁보 한 장으로 분위기 up!
- 183 루나의 살림살이
- 187 파티 걸들을 위한 크리스마스 장식

3장 직선 박기로 끝! 패브릭 살림 정비하기

주머니와 가방
- 192   주머니에서 침대 시트까지, 패브릭으로 완성하는 럭키 아이템
- 194   작은 끈 주머니
- 196   여행 파우치
- 197   파자마 주머니, 남편의 브라운 백

쿠션과 베개

- **198** 심플 사각 쿠션
- **200** 리본 쿠션
- **201** 프릴형 베개 커버, 심플 베개 커버, 자루형 베개 커버

커튼과 침구

- **204** 커튼 봉에 끼워 넣는 봉집형 커튼, 리본형 커튼
- **205** 호텔처럼 깔끔해 보이는 화이트 침구
- **206** 베이비 거즈 속싸개
- **208** 이불 커버

소파 커버링

- **211** 우리집 소파는 옷이 많아요
- **212** 쓰레기장에서 만난 운명의 소파
- **214** 소파 스타일에 따른 커버 원단 소요량
- **215** 소파 커버링이 가능한 소파 종류, 원단 패턴에 따른 종류
- **216** 소파 본뜨기
- **217** 소파 재는 법
- **219** 소파 커버에 대한 Q&A
- **222** EPILOGUE 리폼이 좋아

1장

헌 옷 다오
새 옷 줄게!
정말이야?

나는 딸이 셋이다. 저마다 다르게 멋을 내고, 시시콜콜 시샘을 하고, 예쁜 것을 찾아서 두리번거리는 아이들이다. 고것들을 모두 만족시키려면 아주 큰돈이 들 수밖에 없다. 그러니 재치 있게 고쳐 입히고, 당당하게 물려 입히는 방법들을 찾아내야만 했다. 그러다 보니 저절로 리폼 기술자가 되었다. 아이들 것은 물론이고, 내 옷과 남편 옷들도 호시탐탐 뒤져내어 고치고 매만진다. 내 감각을 그대로 담아 고치면 오히려 새것보다 더 매력적인 아이템이 되기도 한다. 이제 그 비밀 병기들을 공개할 참이다.

안 예쁜 건 안 입을 테야!
예쁜 옷을 달라구!

때로는 새 옷보다 고쳐 입는 헌 옷이 더 좋더라

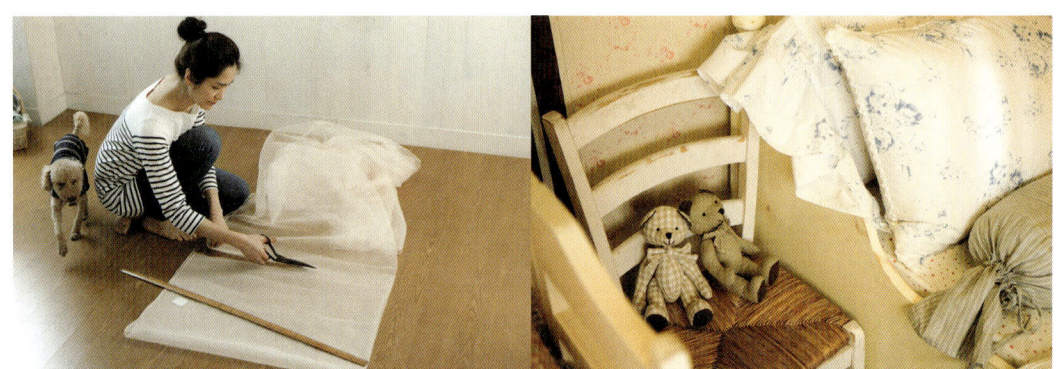

헝겊으로 된 어지간한 것들은 모두 내 손으로 만들었다고 자부해도 좋겠다. 색과 무늬가 고운 천들을 잇고 박아 만든 살림들로 단장하는 일상이란 생각보다 즐겁고 또 보람차다.

사실은 디자이너가 되고 싶었어

다른 아이들이 간호사, 선생님, 현모양처 등을 꿈꾸었다면 나는 어린 시절부터 디자이너가 되고 싶었다. 늘 손이 근질근질했고 먹이를 찾는 하이에나처럼 무언가 그릴 것이나 만들 것을 찾아 다녔다. 학기 초에 교실 꾸미기 미화부장 안 시켜주면 무척 자존심이 상했었다. 수학 과목을 못하는 건 용서가 돼도 가정 시간에 만든 블라우스가 전시회에 뽑히지 않는 건 용서가 안 되는 좀 특이한 스타일이었다.
그리기나 만들기엔 항상 자신감 대폭발이었다. 옷 입기에도 나름 관심이 많아서 의상 디자이너가 되고 싶었다. 중학교 다닐 때 난 꼭 의상 디자이너가 되리라 마음먹었는데, 어느 날 엄마 친구 분이 집에 놀러 오셔서 내 꿈을 들으시곤 대뜸 물으시는 말씀!

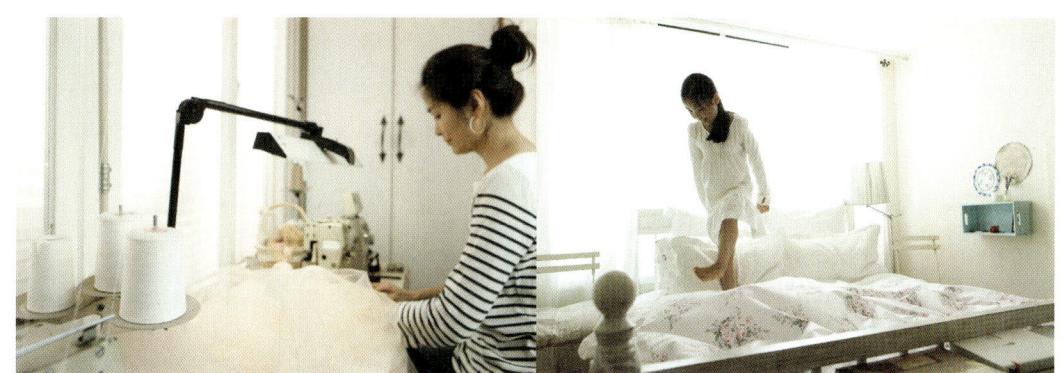

"이 잠옷 어때요? 하얀 티셔츠에다 레이스 치마 달아서 엄마가 만들어 줬어요. 저는 이 잠옷이 마음에 들어요. 공주가 된 것 같거든요. 우리 엄마 잘하죠? 이불이랑 커튼도 다 엄마가 만든 거예요."

"너 공부 잘하니? 공부 잘해야 의상디자인과 갈 수 있는데!"
예에? 가슴이 철렁. 난 정말 좌절했다. 그 말도 틀리지 않는 것이 내가 중·고등학교 다닐 때만 해도 의상디자인과가 이과여서 수학 머리가 없는 나는 의상디자인과는 감히 넘볼 수 없는 산이었다. 결국 고민 고민 끝에, 이과계의 의상디자인과를 포기하고(공부를 더 할 생각은 안 하고) 뭔가 좀 더 미적인 감각을 넓힐 수 있을 것 같아 미대에 진학할 준비를 했다. 미대를 가면 나중에 다른 일을 할 때 큰 도움이 될 것 같았으니까.
그 후 정말 열심히 그림 공부를 해서 미대 서양화과에 들어갔지만 의상디자인과에 대한 갈증은 점점 더 커져만 갔다. 결국 대학에 합격하고 막간을 이용해서 복장 학원이란 곳을 다녔다. 그리고 엄마를 졸라서 우리 집에 있는 모든 옷의 수선은 내가 다 책임진다는 명목하에 평소 그렇게 갖고 싶었던 브라더 가정용 재봉틀을 샀다. 나의 바느질 역사는 그때부터 시작되었다. 가정 바느질 기술자의 길로 들어서게 된 것이다.

절약도 중요하지만 내 스타일도 포기 못해!

복장 학원에서 옷 만들기를 기초부터 체계적으로 배우는 게 정말 재미있었다. 단추 달기와 기본 손바느질도 배우고, 원형으로 패턴을 뜨는 법도 배웠다. 나는 멀쩡한 옷을 죄다 뜯어서 다시 재봉질을 하기도 하고, 엄마가 안 입으시는 옷을 가져다 내 옷으로 살짝 변형하기도 했다.

옷 만들기 연습을 할 때 자투리 원단 중 좋은 원단을 사서 끝까지 완성했더니 뭔가 눈이 떠지는 것 같았다. 이때부터 옷 만들기도 재밌지만 내 몸에 맞게 수선하는 방법도 자연스레 익히게 되었다. 그러면서 디자이너가 되고 싶은 꿈은 더 강렬해졌다.

내가 그토록 옷 만들기에 열광하는 이유가 있었다. 나는 덩치가 상당히 큰 편이다. 대학교 다닐 때는 디자인 공부하는 데 좋은 경험이 될 것 같아 슈퍼모델대회에도 나갔었다. 결과는 뭐 좋은 성적 못 거뒀으니 일찍 결혼해서 아이 낳고 이렇게 살고 있지만 그때 함께했던 언니, 친구들 중엔 유명 연예인도 제법 많다. 그들은 나를 잊었을 테고 물론 연락도 안 하지만 그때의 추억은 늘 나와 지인들 사이에서 즐거운 이야깃거리가 되곤 했다.

요즘은 우리나라 아이들이 대체로 팔다리가 길쭉길쭉하고, 키도 커서 기성품 옷에도 큰 사이즈가 많지만 응답하라 1994 때는 키 175cm의 거구인 내게 맞는 옷 구하기가 은근 힘들었다. 특히 바지가 잘 맞는 게 없어서 늘 고생이었는데 옷 만들기를 배우고 나니 이건 신세계나 다름없었다. 동대문 종합시장에서 원단 2마 정도를 사서 내 몸에 맞게 패턴 뜨고, 재봉틀로 드르륵 박으면 아르마니 스타일의 정장 바지도 만들 수 있고, 당시 유행하는 프라다 스타일 블랙 스판 바지도 다리가 굵어 슬픈 동물인 내게 너무 쫄~ 하지 않게 몸에 딱 맞게 만들 수 있었다. 그때는 학교 수업도 땡땡이치고 하루 종일 옷만 만들었다.

세 딸의 엄마라면 요술쟁이가 되어야 하지

출산 후 나는 바느질 영역을 확장했다. 큰딸 하영이는 엄마 덩치와는 다르게 아주 작은 아기였다. 2.5kg으로 태어났는데, 잘 먹지 않으니 키도 크지 않아서 자기 월령에 맞는 옷이 없었다. 그래서 선물 받은 큰 옷을 길이나 품을 줄여 입히기도 하고 내 옷을 아이 옷으로 고쳐 입히기도 했는데, 오히려 그렇게 입히는 게 더 편하고 잘 맞았다.

첫아이라 더 정성을 쏟았던 것 같다. 아니, 정성을 쏟았다기보다는 나도 철없는 엄마라서 아이를 나의 인형쯤으로 생각했던 것 같다. 그렇게 둘째를 낳고, 셋째를 낳았다. 모두 딸이었다. 나도 내가 딸을 셋이나 낳을 줄 몰랐는데 정신을 차려 보니 어느새 딸이 셋. 이 아이들을 예쁘게 키워 보겠다고 늘 동동거렸던 것 같다.

딸들이 서로 나이 차가 좀 있다 보니 언니 옷을 물려 입는 경우가 많았다. 언니 옷을 그대로 입히기도 했지만 조금씩 변형시켜서 물려 입는 아이가 측은해 보이지 않게 했던 것 같다. 싼 옷을 사다가 좀 더 비싸 보이게 리폼하고, 긴소매는 잘라 반소매로 만들고, 짧아진 티셔츠는 밑에 치마를 달고…. 물론 리폼만 했던 것은 아니었다. 동화 속 주인공처럼 귀엽게 꾸며주고 싶어서 이상한 나라의 앨리스 같은 원피스도 만들어주고, 여동생 결혼식엔 들러리서는 딸들에게 입힐 화이트 드레스도 직접 만들었다.

아이들 재워 놓고 밤을 꼬박 새워서 옷을 만들어도 피곤한 줄 몰랐다. 아이들 키우면서 그때그때 무언가를 만들어주고 고치고 했던 일들은 정말 즐겁고 소중한 추억이다. 그나마도 아이들이 사춘기가 되면 엄마가 만든 옷과는 자연스럽게 바이 바이~! 자기들만의 스타일이 생기기 때문에 아마도 엄마가 만들어주는 옷을 입는 나이는 초등 3~4학년 때까지일 듯하다. 그때까지 더 힘을 내야지.

딸들을 위한 디자이너가 되어도 좋아!

큰딸이 두세 살 때 시장에서 직접 망사 원단 사다가 발레 치마 만들어서 입혀 놓고는 사진을 찍어주곤 했는데 벌써 고등학생이다. 세월이 유수와 같다는 것을 실감한다. 그때의 기억을 되살려 이제는 무용을 공부하는 하영이의 로맨틱 튜튜를 만들어 본다.

정통 튜튜는 아니고 초간단 튜튜. 요즘 아가씨들은 평상복으로도 발레리나 같은 망사 스커트를 즐겨 입던데 그런 일상복으로는 너무 풍성한 것보다 주름이 과하지 않은 것이 좋다. 솔직히 나도 한번쯤 도전해 보고 싶지만, 자신이 없으니 딸에게 만들어주고 입어보라고 종용한다. 어릴 땐 뭘 입어도 예쁘겠지만!

내친김에 튜튜 만드는 방법 공개하고 갈까? 정말 간단하다. 우선 한 마당 2천5백원이면 살 수 있는 망사 원단 2마를 준비한다. 원단을 반으로 딱 접어서 무릎 아래 정도 길이로 두 장을 재단하고, 두 장을 옆으로 연결해서 하나의 큰 원통형을 만든다. 원단 한 자락은 조금 길게, 다른 한 자락은 조금 짧게 잡아 반으로 접는다. 끈 넣을 곳을 재봉틀로 박는다. 허리에는 비슷한 재질의 리본을 넣어서 주름을 잡아 허리둘레를 조절한다. 이상 끝!

간단하게 드르륵 박아 만든 튜튜를 딸에게 입혀 보았더니 어머! 예쁘다. 애들은 비싼 옷, 명품, 그런 것에 별로 집착하지 않는다. 튀면 된다. 예쁘게 튀면! 살랑살랑 스커트를 입고 깡총거리며 다니는 딸을 보니 내가 이런 걸 할 줄 아는 손을 가졌다는 게 새삼 기쁘다.

그럼 이제 본격적인 스타일 만들기를 시작해 볼까? 먼저 옷과 소품을 고쳐볼 거다. 애들 것도 있고, 어른 것도 있다. 그리 어렵지 않게 시도할 수 있는 것들만 골라 담았으니 한번쯤 도전해 보시길!

무용가가 되기 원하는 큰딸 하영이를 위해 초간단 튜튜 하나 만들었다. 망사 원단 5천원어치 사다가 쓱쓱 박아 만든 이 스커트는 평소에도 청바지나 레깅스 등과 곁들여 일상복으로 입기에 좋다. 나도 도전해 보고 싶지만… 병원에 가보라고 할까 봐 참았다. 애들은 역시 뭘 입혀도 예쁘다.

이제 리폼하러 가야겠어요

아이 티셔츠 고쳐 입히기

나는 워낙 베이식 스타일을 좋아해서 늘 무늬 없는 티셔츠들을 사 입히는데 애들 눈높이는 다른가 보다. 특히 막내 태영이가 그렇다. 자라 키즈에서 싸게 구입한 무지 티셔츠. 언니들한테 물려받은 티셔츠들. 게다가 좀 작아진 것도 있다. 모처럼 인심을 쓰기로 했다. 막내의 의견을 완전 반영해서 리폼을 한 거다. 요즘 태영이는 날마다 이 티셔츠들을 꺼내놓고 뭘 입을까 고민하기 시작했다. 어쩜 좋아! 역시 애들은 촌스러운 듯해야 좋아한다.

꽃무늬 아플리케 티셔츠
핑크 티셔츠에 아플리케 장식을 더했다. 나는 셰비 시크 스타일 원단 중에서 꽃무늬 부분만 오려서 버튼홀 스티치로 마무리했다. 가장 쉬운 방법이다. 원단에 그려진 예쁜 문양을 오려서 티셔츠에 바느질해 주는 거다. 엄마는 술술 일하고 애들은 쓰러진다.

멜빵 단 노랑이 티셔츠
태영이는 노란색이 제일 맘에 드는지 멜빵을 단 것처럼 만들어 달란다. 시판하는 청해지 바이어스를 티셔츠 위에 그대로 박음질했다. 어깨에서 한 줄, 밑단에서 한 줄 중간에서 묶을 수 있는 디자인이다. 간단하게 리본 멜빵으로 완성! 정말 쉽다.

빈티지 손수건 리본 티셔츠
프린트가 하도 귀여워서 구입했던 빈티지 손수건을 길게 잘라서 재봉틀로 말아박아 마무리했다. 어깨에는 빈티지 꽃무늬 단추를 달아서 떼었다 붙였다 할 수 있게! 집에 있는 손수건을 손바느질로 버튼홀 스티치를 해주면 사실 재봉틀도 필요 없다.

27

애나 어른이나 스트라이프 티셔츠는 일단 무난하다.
그런데 하도 비슷한 것만 입혔더니 싫증을 내는 것 같았다.
살짝 수선했다. 우리 딸들, 기뻐서 어쩔 줄 모른다.

다리미로 붙이는 간단 티셔츠 리폼

언젠가부터 스트라이프 티셔츠에 자꾸 손이 간다. 그런데 똑같은 티가 여러 개라면 조금은 지루하지 않을까? 그렇다면 나만의 포인트를 한번 줘보자! 부자재 가게를 기웃거리고 있는데 요즘 유행하는 해골 무늬부터 꽃무늬까지, 인조 가죽에 멋지게 커팅해 놓은 장식이 자꾸만 눈에 들어왔다. 개당 2천원꼴. 입던 옷에 손수건 하나 덧대고 다리미의 열을 올려서 잘 눌러주면 끝! 바느질도 필요 없이 핫한 스타일로 거듭난다. 너무 튀어 보이는 게 싫어서 팔 부분에 이 장식을 붙여줬는데 밋밋한 티셔츠가 멋져졌다. 특히 이 장식은 이제 막 사춘기에 접어들어서 멋 좀 내보고 싶은 친구들에게 딱 좋다.

우리 엄마는 줄무늬 옷만 너무 좋아해!

마트표 티셔츠가 봄 원피스로 변신

마트에서 1만원도 안 주고 2장 구입한 핫 핑크 스트라이프 티셔츠. 아이와 커플로 한 1년간 잘 입었는데 점점 자라는 아이 것은 길이가 짧아진 것 같다. 그래서 예쁜 꽃무늬 원단을 밑자락에 덧대어 원피스로 만들어 입히기로 했다.

1 길이 30cm 컬러 지퍼를 티셔츠 끝에 맞추고 원하는 위치에 놓고 겉으로 박는다.
2 티셔츠를 뒤집은 뒤 지퍼를 붙인 자리를 가로로 잘라서 지퍼 길을 내주었다.
3 오래 묵혀둔 원단을 아이에게 대보고 원하는 치마 길이로 잘랐다. 너비는 두 배가 되게 자른 뒤 주름을 잡아서 티셔츠에 붙이면 완성이다.

아주 값나가는 곳에 쓰려고 아껴 두었던 영국산 리버티 원단.
조금씩만 잘라서 자글자글한 주름을 만든 뒤 아이 옷에 장식했다.
체육복 같은 하얀 면 티셔츠가 공주 옷이 되었다.

새초롬

물려 입혀도 덜 미안한 리버티 프릴

언니들이 위로 층층이 있는 태영이는 물려 입는 옷이 제법 많다. 이 티셔츠는 큰언니부터 입었던 옷이라 미안한 마음이 들어서 좀 값나가는 영국산 리버티 패브릭을 더해서 유러피언 스타일로 변신시켰다. 리버티 원단은 올이 워낙 촘촘해서 가위로 자르거나 결을 따라 쭉 찢어도 올이 잘 안 풀린다. 그런 장점을 이용해서 원하는 길이로 길게 찢어준 뒤에 손으로 곱게 홈질해서 주름을 잡거나, 재봉틀로 성기게 재봉해서 한쪽 실을 빼가며 주름을 잡으면 된다. 이렇게 만든 프릴을 목선을 따라 박음질해 주었다.

일반 원단도 60수 정도로 촘촘한 제품이라면 찢어서 만들어도 되고, 좀 완성도 있게 하려면 자른 부분을 말아박기로 마무리해서 부착하면 클래식한 느낌이 든다. 프릴을 한쪽으로 치우치게 달아줄 때는 티셔츠에 재봉해 가면서 주름을 잡는데 균일하게 주름을 잡는 것보다, 대충 성글게 잡는 게 더 매력 있어 보인다.

목둘레를 따라 프릴을 둘러주면 곱상한 장식 완성!

한쪽으로 치우치게 붙이면 개성 있는 프릴 티셔츠로 변신!

옷핀과 아플리케 기법 더한 티셔츠

얼룩져서 못 입게 된 흰색 티셔츠를 리폼해 보기로 결정했다. 나는 바느질만 돕고, 아이들이 디자인해서 만들어 더욱 예뻐 보인다. 옷을 사면 붙어 있는 작은 옷핀들을 모아 두었던 게 큰 도움이 되었다. 가장 먼저, 티셔츠에 하트 문양을 그린 뒤 그 안쪽에 I LOVE YOU라고 써서 오려낸 자투리 원단을 직접 부착했다. 세탁해도 문제가 되지 않는 짱짱한 옷을 만들기 위해서 손바느질 대신 재봉틀로 박음질해 아플리케 완성. 바느질을 끝낸 뒤 미리 그려 넣은 하트 라인을 따라 금색 옷핀을 촘촘하게 꽂았다.

작은 옷핀만 하트 모양으로 꽂아도 확 달라진다는 사실!

문양도 장식도 거의 없이 덤덤한 기본 스타일을 좋아하는 나는 말 그대로 베이식 셔츠들을 종류별로 제법 갖추고 있다. 도톰한 옥스퍼드지로 만든 셔츠에서부터 거즈 셔츠, 리넨 셔츠 등 주로 원단의 종류로 스타일이 달라지는 정도의 것들이다. 책을 만들기 위해 리폼할 아이템들을 찾다가 그 셔츠들을 전부 꺼냈다. 보글보글한 곱창 러플을 달아서 지휘자 콘셉트로, 염색해서 화사한 색상으로, 자수를 놓아 고급스럽게, 조각 천을 덧대어 조금 에지 있게… 두루두루 손을 보니 셔츠 부자가 된 것 같다. 이걸 언제 다 입고 나가지? 밥할 때 멋있게 입을까? 하여튼 이런 재미가 좋아서 나는 리폼의 손길을 멈출 수가 없다.

셔츠의 재발견

러플 디테일 셔츠

집에 하나쯤 있는 평범한 화이트 셔츠. 유행을 타지 않지만 트렌디하지 않다는 단점도 함께 가지고 있다. 면도칼이나 쪽가위로 칼라를 떼어내고, 다시 박음질로 마무리. 화이트 원단을 길게 잘라 주름을 잡아 가슴 부분에 달아주니 좀 더 클래식한 스타일로 변신했다. 예전의 셔츠가 그냥 폴로 셔츠였다면 새로 리폼한 셔츠는 랄프로렌 블랙 라벨에 견주어도 손색없지 않을까?

준비물 화이트 원단 반 마(길게 남은 자투리면 더 좋음), 진주 모양 단추 7개(개당 3백원)
1 면도칼이나 쪽가위로 칼라를 떼어내고, 다시 박음질로 마무리해 차이나칼라를 만든다.
2 화이트 원단을 식서 방향으로 길게 재단한 뒤 홈질을 해서 잡아당기거나 재봉틀로 땀을 넓게 하여 살짝 박아 한쪽 실을 잡아당겨 주름을 길게 만들어 놓는다.
3 가슴 부분에 완만한 곡선을 이루게 배치하고 주름을 덧박아 준다. 마지막으로 단추를 새로 달아 완성한다.

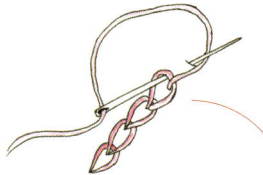

리넨 셔츠에 나만의 이니셜을

좋은 소재로 크게 유행 타지 않는 옷들을 적당한 가격에 판매하는 유니클로를 선호하는 편인데, 때로는 조금 심심하다는 느낌도 든다. 그래서 소재가 맘에 들어서 구입했던 화이트 리넨 셔츠에 내 닉네임인 루나의 'L'을 수놓아 보았다.
소재가 고운 원단은 뒷면에 접착 심지를 붙이고 작업해야 옷감도 상하지 않고, 수도 더 예쁘게 놓아진다. 여러 가지 스티치 중에서 글씨 표현이 가장 자유로운 건 체인 스티치 같다.

자수 포켓 화이트 셔츠

양갓집 안방 마님처럼 이렇게 수를 척척 잘 놓는다면 얼마나 좋겠느냐만 그다지 솜씨가 곱지 못한 나. 베트남 여행 갔다 온 지인이 개당 1천원씩 샀다며 선물해 준 색색의 자수 주머니 중 하나를 이용해서 셔츠 한쪽에 주머니로 포인트를 주었다. 자수 덕분에 조금은 시원스런 느낌도 들고~. 중국이나 동남아 국가들의 재래시장에 가면 이런 주머니를 심심찮게 볼 수 있다. 여러 개 구입해 두면 향낭으로 쓰거나 여성용품을 휴대하기도 좋다.

베이식 클래식을 추구하는 나는 화이트 셔츠만 보면 무조건 집어드는 편이다. 남들 눈엔 다 똑같아 보일 수 있지만 칼라, 소매통, 품에 따라서 제각각인 보물들이다. 오래 입으면 질리게 마련이니 10분도 걸리지 않는 방법으로 다양하게 리폼해 보았다.

모아둔 원단 프린트에서 이니셜을 따서 체인 스티치로 수를 놓았다.

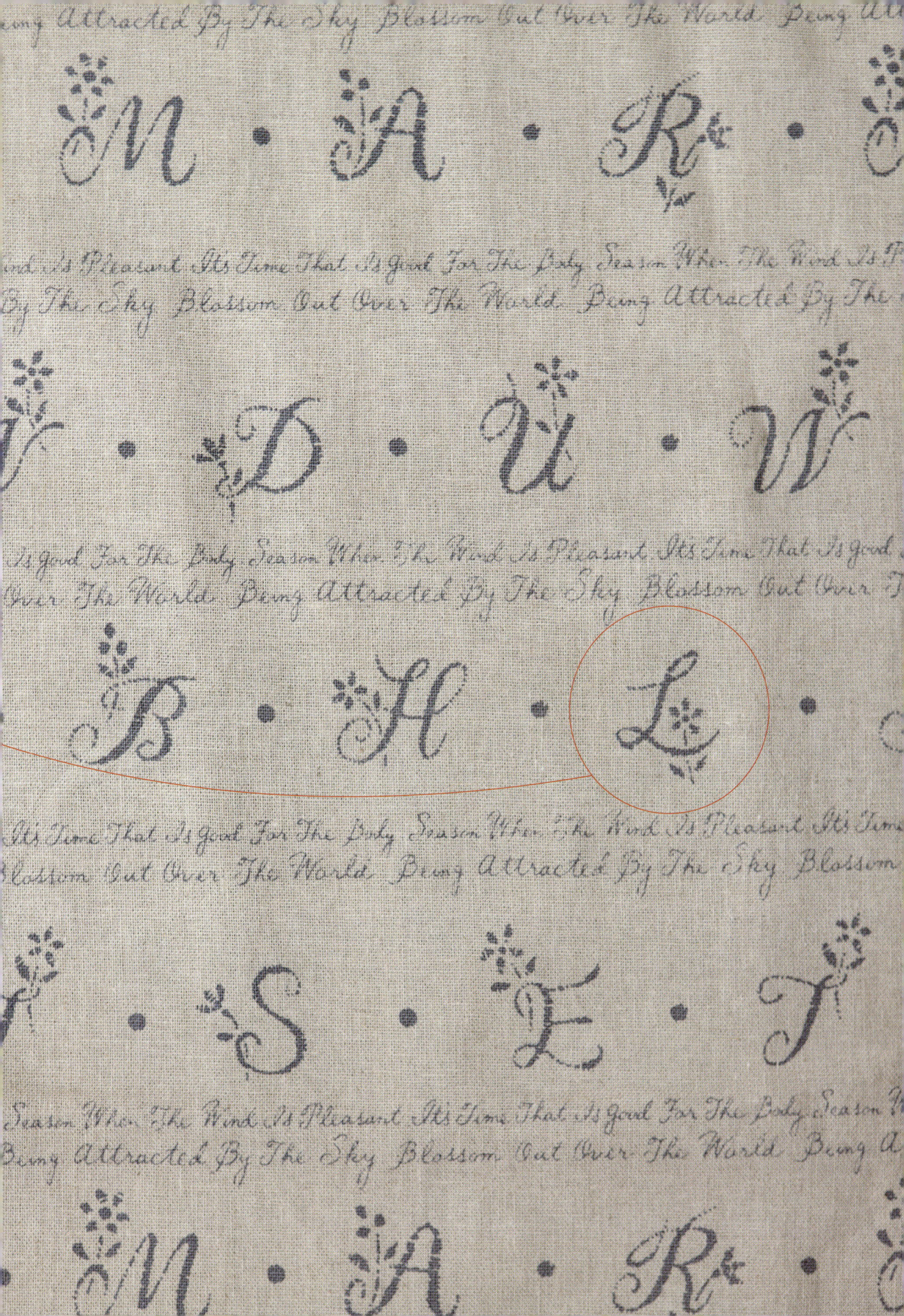

나는 집에서도 잠옷과 가운을 갖춰 입는 걸 좋아한다.
소녀풍의 화이트 잠옷은 아이들도 반기는 아이템!

셔츠로 만든 앤티크 화이트 잠옷

그런 옷이 있다. 너무 예쁘고 아끼는데 선뜻 손이 잘 안 가는 옷. 오래전 일본에서 사온 예쁜 면 블라우스가 그랬다. 목선이 너무 파여서인지 그냥 서랍 속에 묵혀 두고 있었는데, 어느 날 너무 아까운 생각이 들어 늘 한번 입어보고 싶었던 화이트 잠옷을 만들기로 결정. 잠잘 때 입는 건데 네크라인이 좀 파인들 뭔 상관이랴?

예쁜 자수로 마감된 60수 아사 원단을 2배 주름 잡아 허리춤에 박아서 연결해 주니 나만의 훌륭한 앤티크풍 화이트 잠옷이 만들어졌다. 오늘만은 늘어진 티 입지 말고 화이트 잠옷 입고 귀부인처럼 잠들어야지.

for my daughter

for me

레이스를 덧댄 셔츠

스트라이프 리넨 셔츠는 햇빛이 쨍해지는 초봄부터 한여름 휴양지에서도 늘 손이 가는 옷이다. 단, 덩치 큰 내가 입으면 남자 옷인지 여자 옷인지 구분이 안 갈 것 같아서 소심하게 셔츠 등판에 로맨틱한 디테일을 더해 보았다.
폭 10㎝ 정도 되는 면 레이스 두 장을 셔츠 뒷면에 박아준 것. 싫증이 나면 박음질을 뜯어 다시 평범한 셔츠로 입으면 되니 큰 부담 없이 도전해 볼 수 있다.

before

after

리넨 긴소매 셔츠를 반소매로

한동안 유행했던 내추럴 리넨 소재 셔츠. 그런데 이게 세탁할 때마다 줄어드는 것이 아닌가. 그래서 과감히 소매를 싹둑 잘라내고, 앞의 핀턱 라운드 부분에 자잘한 토션 레이스를 달아서 포인트를 주었다. 나보다 아담한 대한민국 표준 사이즈 큰딸에게 입혔더니 너무 잘 어울리는 것!!! 이런 게 바로 리폼의 재미다!

자른 소매로 만든 라벤더 향낭

싹둑 자른 2개의 소매 부분은 주름이 예쁘게 져있어서 버리기 아까웠다. 귀여운 주름 덮개가 있는 라벤더 향낭을 만들어야지. 아래는 동전 지갑처럼 둥글고, 심심한 것 같아서 체인 스티치로 수를 놓아 마무리. 속옷 넣는 서랍에 넣어두면 여닫을 때마다 기분이 좋아진다.

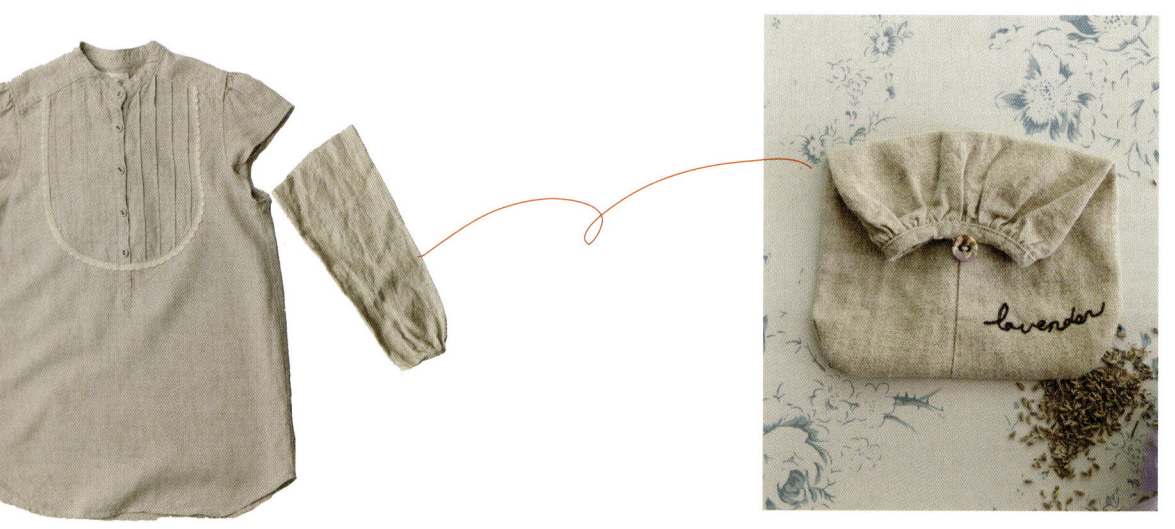

검정 리본 덧댄 거즈 셔츠

소재가 아주 부드러워서 늘 탐내던 남편의 거즈 셔츠. 안 입는다기에 냉큼 가져왔다. 요즘 고급 브랜드에서 셔츠에 축 늘어진 리본 디테일을 곁들이는 게 생각났다. 자투리 니트 레이스가 있어서 목 라인에 박음질해 주었다. 무심한 듯 시크한 프렌치 스타일이라고 주장하고 싶다.

after

before

데님에게 물어봐

영원한 젊음의 상징 데님. 데님도 은근히 유행을 타서 허리 라인, 다리 핏 등이 매년 묘하게 달라진다. 집집마다 대여섯 개는 쌓이게 마련인 데님 팬츠는 오래 입을수록 색이 예쁘게 바래고 튼튼한 소재라 다양하게 활용하기 좋다. "나의 큰 소망이 있다면 머리가 잿빛 할머니가 되어도 청 스커트가 잘 어울리게 늙는 것… 그렇다면 청 스커트를 만드는 것보다 우선 운동부터 좀 해야 하지 않을까?"

데님, 좋다!

가끔은 반항적으로, 적당히 찢어진 청바지

언젠가부터 찢어진 청바지가 눈에 들어오기 시작했다. 그동안 잘 입던 청바지가 너무 오래 입은 탓에 찢어진 적도 있어서 간혹 입었지만 요즘은 그보다 더 많이 찢어진 청바지를 입고 싶을 때가 있다. 아마도 평소엔 수수한 가정주부지만, 가끔은 반항적이고 싶은 마음이 내 속에 숨어 있는지. 조금은 시끌벅적한 콘서트장에 입고 가고 싶은 찢어진 청바지. 하지만 찢어진 청바지라는 게 여름에 입으면 바람이 솔솔 들어와 시원한데 찬바람 슬슬 불기 시작하면 무릎이 시리다. 게다가 앉았다 일어나면 조금씩 더 벌어지고. 할 수 없이 구멍을 막기로 했는데 너무 티가 나도 그렇고 아닌 것도 싫고….

나는 시장에서 샘플로 받아온 청 원단을 이어 붙여서 막았지만, 예쁜 레이스 원단 조각이나 작은 꽃무늬 원단으로 해도 좋고, 안 입는 티셔츠 원단 중 조금 어두운 색으로 해도 좋다. 뭐든 자유로운 게 찢어진 청바지니까.

1 일단 청바지의 봉제선을 살펴보고 한 줄로 박힌 쪽을 구멍이 나 있는 길이보다 약간 길게 터 준다.
2 벌어진 틈 안쪽으로 재봉틀이 충분히 지나갈 수 있게 잘 펴준 뒤, 붙일 원단 사이즈를 재고 구멍 부위에 대준다. 시침실과 바늘로 원단을 대강 고정해 준다.
3 구멍이 보이는 겉면을 위로 펼쳐서 대강 시침질해 둔 선을 따라 한 번 크게 박음질해 주고, 뜯어질 것 같거나 조금 튼튼하게 박아야 할 부분은 앞뒤로 왔다 갔다 하면서 좀 더 촘촘하게 박음질한다.
4 뒷부분의 조금은 너덜너덜한 박지 않은 나머지 부분은 재봉선에 방해되지 않을 만큼 잘라서 정리해 준다.

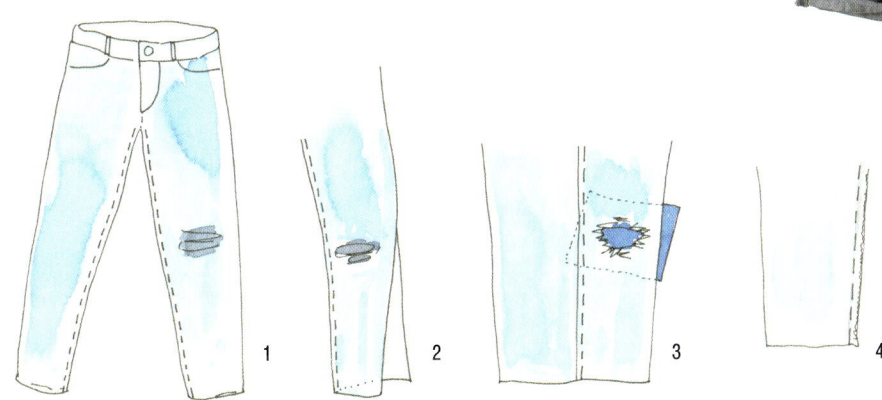

핸드메이드 허리띠

옷에 맞춰 허리띠를 다 갖출 수 없을 때가 많다. 특히 여름처럼 가벼운 옷차림에는 가죽 허리띠가 잘 안 어울리는데 그럴 때 간단하게 만들 수 있는 허리띠가 있다. 레이스나 리본 끈을 길게 잘라내고 끝에 동그랗거나 반달 모양의 고리를 두 개 끼워 고정하기만 하면 된다.

나의 먹잇감들! 집에 있는 청바지들만 다 모아도 옷 열 벌은 만든다

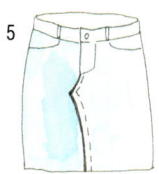

청바지를 리폼한 데님 스커트

내가 대학 다니던 시절 아마 이 스커트 하나 없었던 여학생은 한 명도 없지 않았을까? 그 당시에도 데님 스커트 예쁘게 고치는 수선 집은 가격도 제법 비싸게 받았다고 하던데… 난 아직도 대학생 스타일로 꽤히 어려 보이고 싶은 날 입는 옷이 바로 이 데님 스커트다. 데님 스커트는 허리와 힙이 잘 맞는 팬츠로 만들수록 좀 더 예쁜 핏이 나온다. 조금 큰 바지로 만든다면 고무 밴드로 허리 줄이는 법을 참고하여 만들면 되고, 힙 부분이 좀 큰 바지라면 엉덩이 겹침 부분을 좀 더 많이 겹치게 해주면 된다.

1 청바지를 세탁해서 잘 다림질한 후 평평하게 펴서 원하는 길이보다 10cm 정도 길게 자른다.
2 안쪽 다리 부분의 봉제선은 깔끔하게 뜯어낸다.
3 엉덩이는 뒷주머니 중간 부분 정도까지 뜯고, 앞부분은 지퍼 라인 바로 아래선까지 뜯는다.
4 뜯어진 상태로 한번 입어보고 원하는 라인을 잡아 핀으로 대충 고정시킨다.
5 앞부분은 가운데 선을 모아서 한쪽 봉제 라인이 살아 있도록 곁에서 재봉틀로 박아준다.
6 뒷부분은 걸어 다니기 편하도록 자락을 완전히 모으지 않고 뒤트임을 A자 모양으로 벌려둔 채 엉덩이를 겹치게 하여 곁에서 대충 박아준다.
7 입어보고 거동이 불편하거나 너무 파인 곳이 없는지 확인하고 다시 한 번 촘촘히 박는다.
8 원하는 길이로 자를 때 뒷자락을 앞자락보다 살짝 길게 자르면 뒤태가 좀 더 안정적이다.
9 청 스커트는 자연스런 느낌이 중요하므로 길이로 자른 곳을 두 번 정도 박아서 더 이상 올이 풀리지 않게 하거나, 오버로크로 마무리해 준다.

데님 패치 가방

하루가 다르게 쑥쑥 커가는 아이들과 하루가 다르게 몸이 불어나는 나. 그리고 은근히 유행이 바뀌는 통에 안 입고 쌓이게 되는 청바지로 가방을 만들었다. 예전에 선물 받은 귀한 솔레이아도 원단도 매치하고, 남편의 양가죽 재킷에서 떼어낸 가죽으로 손잡이도 만들어 달아놓으니 보헤미안풍의 데님 패치 가방이 되었다.

1 안 입는 청바지의 낡은 부분이나 예쁘게 워싱된 부분을 꼼꼼히 잘라놓는다.
2 조각들을 이리저리 배치해 가며 패치를 구성해 본다. 이때 패치는 내가 원하는 가방 사이즈보다 크게 만든다.
3 앞판과 뒤판이 구성되었으면 겉면에서 촘촘하게 박음질한다.
4 아랫부분에 덧붙일 패치 원단을 연결하여 박음질한다.
5 일단 겉감은 겉끼리 대고 박은 뒤 안감을 그림처럼 밑에 창구멍을 남긴다. 가방 어깨끈은 바지 옆선을 길게 잘라낸 뒤 접어서 마련한 것을 사용하는데, 가방 겉감 안쪽 양옆으로 튼튼하게 박음질해 준다. 입구를 박는다.
6 뒤집어서 마무리한 뒤 다림질로 잘 매만져 가방 윗부분에 겉감과 안감을 고정시킬 부분을 박는다.
7 손잡이 끈을 반 접어 박음질해 놓은 것을 손잡이 부분에 붙여준다.

Tip 가방끈은 이렇게

퀼트 숍이나 퀼트 부자재 파는 곳에서 사이즈나 디자인에 따라 5천~2만원이면 다양한 제품들을 구입할 수 있다. 가죽이 없을 경우, 원단을 잘라 활용해도 괜찮다.

내가 신으려고 만들어 둔 것까지도 모두 애들 차지다.
특히나 이렇게 귀여운 디자인이라면 더더더!
"딸! 그래도 집에서 운동화는 안 돼. 그냥 엄마 슬리퍼 신어."

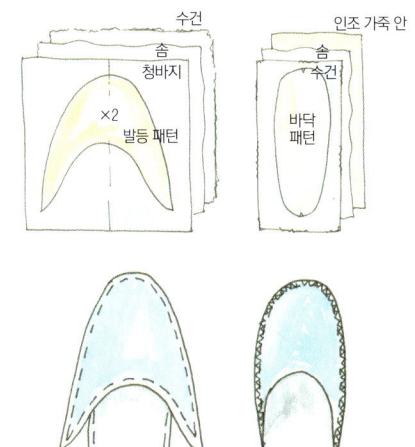

데님 슬리퍼

기존의 덧신 스타일 패브릭 슬리퍼는 예쁘기는 한데 만들 때 손이 너무 많이 간다. 그런 점을 보완해서 손쉽게 만드는 슬리퍼에 도전해 본다. 그림처럼 원단 놓는 순서만 지켜서 간단하게 본도 뜨고 오버로크나 지그재그 바느질로 마무리하면 된다. 특히 바닥 면은 인조 가죽으로 하면 미끄럼 방지도 되고, 더러움도 덜 탄다.

준비물 안 입는 청바지, 낡은 수건 1장, 패딩솜 1/4 마, 인조 가죽 원단 약간

1 인조 가죽, 수건, 솜, 청바지 원단을 그림처럼 각각 겹쳐 놓는다. 패턴을 참고해 본을 그린다.(87p)
2 바닥 2장, 발등 2장을 재단한다.
3 재단한 가장자리를 오버로크로 마무리한다.
4 바닥과 발등을 맞춰 슬리퍼 모양으로 오버로크하면 완성. 오버로크 기계가 없다면 바이어스로 처리하는 것도 좋다.

슬리퍼 신고 외출할 것도 아니면서 틈만 나면 만든다. 엄마든, 딸이든… 여자는 집에서도 예뻐야 하니까.

허리 큰 청바지에 대처하는 나의 자세

고무 밴드로 청바지 허리 줄이기
뚱뚱해서 슬픈 사람이나 허벅지가 두꺼워서 바지 사이즈를 늘 억울하게 큰 걸로 사야 하는 사람들을 위한 허리 줄이기 팁이다. 골반이나 엉덩이 부분에 맞춰 옷을 사는 체형이거나 유난히 말라서 바지가 줄줄 흘러내리는 아이에게도 맞는 바지를 만들어줄 수 있는 간단한 방법.

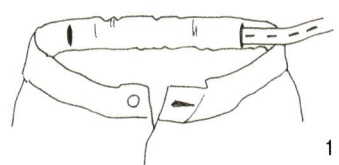
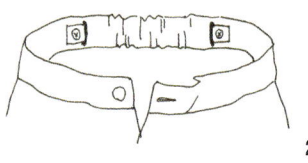

1 바지 허리 뒤로 양쪽에 구멍을 내고 그 사이로 허릿단 조절 고무줄을 넣어둔다.
2 구멍 양쪽에 단추를 단 뒤 고무줄을 당겨 허리 길이에 맞춰 단추를 끼우면 완성.

통 큰 바지 줄여 입고 새로 산 척하기

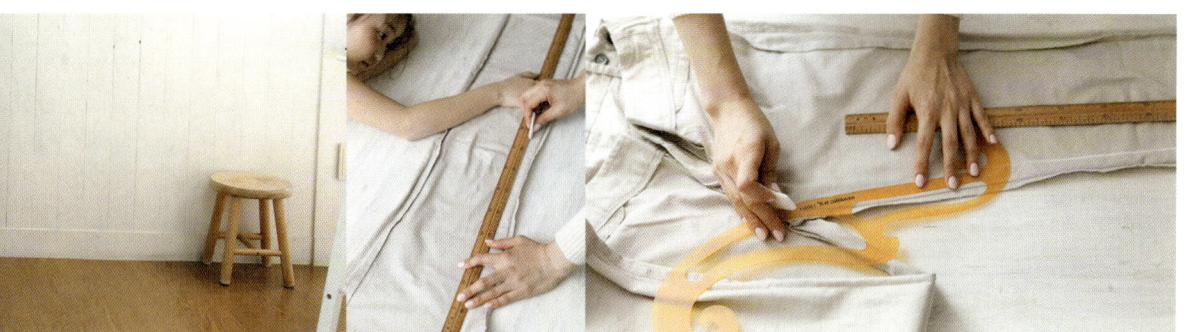

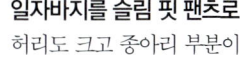

일자바지를 슬림 핏 팬츠로

허리도 크고 종아리 부분이 펄럭대는 큼직한 바지를 슬림 핏 팬츠로 수선한다. 다리통은 살짝 손보면 또 몇 번 기분 전환하면서 입을 수 있는 바지가 된다. 요즘은 남성 바지도 조금은 타이트한 디자인으로 나온다.
멋을 좀 챙기는 남편이라면 통이 넓은 디자인의 몇 년 전 바지를 버리지 말고, 바지통과 길이만 살짝 수선해서 최신 유행 스타일로 만들어줄 수 있다. 집에서 줄이기 힘들면 세탁소에 맡겨도 비용이 그리 많이 들지 않는다.

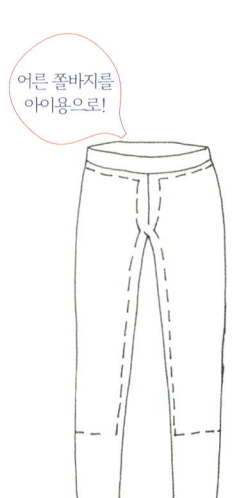 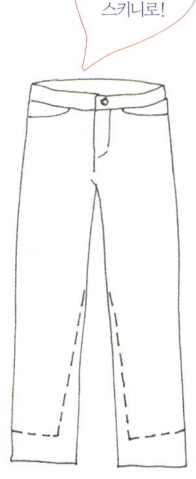 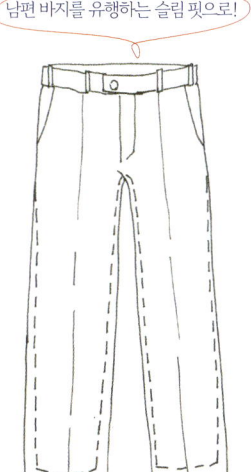

1 일단 큰 바지를 입어서 얼마나 줄여야 할지 시침핀으로 잘 피팅해 둔다. 특히 종아리 부분은 불편하지 않을 정도로 피팅하고, 벗은 뒤 줄여야 할 사이즈를 노트에 적어둔다.
2 바지를 뒤집어서 다리미로 잘 다려서 펴놓은 뒤 메모해 둔 치수대로 선을 그어준다. 양쪽으로 줄임 부분을 그려도 되고, 좀 더 손쉽게 하려면 다리 안쪽으로 몰아서 그려도 된다.
3 일자바지는 허벅지 부분은 많이 줄이지 않아도 되고, 종아리 부분만 줄인다.
4 선을 따라 박음질한 뒤에 오버로크나 지그재그 처리로 마감한다.
5 옷을 입어보고 잘 맞는다면 원하는 길이로 재단해서 한 번 접어 박아서 마무리한다.

니트 소재 옷을 잘 입는 지혜

니트는 다른 옷에 비해 고가인 데다 소재를 신경 써서 구입하기 때문에 쉬 버리지 못하는 일등 아이템이다. 남편이 패션에 관심을 갖기 시작하면서 이런저런 옷들을 은근히 많이 사들이는 편이다. 간혹 본인이 맘에 들어서 샀다가도 잘 안 입는 옷들이 출몰할 정도다. 어느 날, 남편이 옷을 한 상자 가득 쌓아놓고는 버릴 것들이라고 하기에 한번 들춰보니 오 마이 갓! 건질 게 수두룩하다. 알뜰 정신에 충만한 나는 몇 개를 건져내서 자르고, 붙이고… 옷에 새 생명을 불어넣기에 바빴다. 그러느라 신 났다.

스웨터를 카디건으로 리메이크

스웨터가 참 멋스런 옷이긴 한데 간혹 입고 있다가 더워지면 좀 낭패스럽기도 하다. 반면 카디건은 입고 벗기 편해서 손이 더 가는 편. 그래서 조금 두툼한 스웨터를 카디건으로 만들었다. 카디건으로 변형할 땐 품이 조금 넉넉하고 올이 굵은 스웨터로 하면 더욱 멋지다.

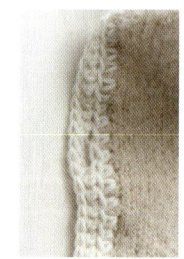

before → after

1 우선 가운데 라인을 과감히 가위로 잘라준 뒤 잘린 라인을 1cm 간격으로 코바늘 한 단 뜨기로 올이 더 이상 풀리지 않게 해준다. 간격을 너무 촘촘히 뜨면 가운데 라인이 늘어지게 되므로 신경 써서 작업할 것.
2 이때 단추 구멍을 내줘야 하는 오른쪽 앞섶은 일정한 간격으로 구멍을 내가며 두 단을 더 떠준다.
3 왼쪽 판도 같은 방법으로 3단을 떠준다.
4 터틀넥이 조금 퍼지는 라인이라 목이 추워서 살짝 크로스로 단추를 달았더니 세상에 단 하나뿐인 특별한 디자인의 니트가 되었다.

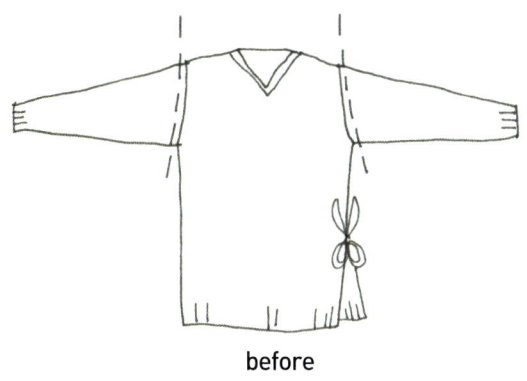

before

남편이 안 입는 니트, 최신 유행 슬릿 니트로

세일이라고 해서 샀던, 하지만 너무 평범해서! 남편에게 버림받은 갭의 브이넥 면 니트다. 요즘 유행하는 옆선이 트인 니트가 떠올라 얼른 가위질을 시작했다. 특히 면 니트는 쪽가위로 연결 부위를 싹둑싹둑 잘라도 올이 거의 안 풀리기 때문에 변형이 한층 쉽다. 자른 부분은 니트 리본을 사다가 팔 둘레 라인과 슬릿 부분에 둘러서 재봉틀로 간단히 박음질해 주었다. 그리고 겨드랑이 부분을 겹친 뒤 자개 단추를 달아 마무리.

after

인디언 핑크 카디건은 예쁘지만 심심해

샤넬 스타일 카디건

처음 구입할 땐 심플해서 좋았는데, 나이가 드는지 점점 화사한 것에도 마음이 끌린다. 버버리 코트와 함께 아줌마들의 필수 아이템이라는 샤넬 스타일 카디건에 도전해 본다.

준비물 트위드 리본 3마 1천5백원(동대문 종합시장 1층), 진주 단추 2개 6백원(동대문 종합시장 2층)
1 네크라인과 앞섶은 리본을 한 번에 쭉 둘러서 니트에 덧대어 박는다.
2 소매 부분은 조금씩 늘려가면서 리본을 박아준다.
3 주머니는 손바느질로 붙이고 진주 단추를 단다.

초록빛이 마음에 들지만 역시 너무 무난해

평범한 카디건을 로맨틱하게 바꾸는 구슬 트리밍

내가 참 좋아하는 카디건. 그런데 아무리 사랑해도 오래 입으면 손이 잘 가지 않는다. 그냥 묵혀 두긴 아까워서 요리조리 유행 스타일을 궁리해 본다. 손바느질해서 붙인 장식은 나중에 다시 떼어내도 되니 실패할 염려도 없다.

준비물 배색 원단 1마, 아크릴 진주 13mm 1줄 3천원

1 준비한 원단은 바이어스 방향으로 13~15mm 폭으로 길게 재단해서 쭉쭉 잡아당겨 조금 너풀너풀한 상태로 만든다. 싫증 난 블라우스 원단을 활용해도 좋다.
2 불규칙적인 손바느질로 원단을 두세 번 접어 넣어 꿰매면서 보기 좋게 진주를 넣어 함께 꿰맨다.
3 네크라인 길이 정도로 완성되면 손바느질로 목둘레에 꿰매 붙인다.

내가 직접 만든 건데 어디서 샀느냐고 물어보면 신 난다. 강아지와 커플이 된 니트, 요것도 그랬지!

아빠 스웨터는 아이 조끼 원피스로, 소매는 강아지 옷으로

그냥 평범한, 그 옛날 유행하던 지오다노에서 산 스웨터. 얼마간 열심히 입더니 재활용 통으로 들어갈 뻔한 것을 건져내서 찬찬히 살펴보니 막내의 가을 겨울용 슬리브리스 조끼 원피스를 만들면 좋겠다는 생각이 들었다.

소매를 떼어내고, 몸통은 재봉틀로 줄이고, 목둘레와 소매 둘레는 보라색 털실로 간단히 한 단 코바늘뜨기로 마무리했더니 핸드메이드 니트 느낌이 난다. 코바늘뜨기 마무리는 너무 같은 색보다는 약간 다른 색깔로, 조금은 도톰한 실을 사용하는 것이 훨씬 보기 좋다. 잘라낸 소매는 버릴까 하다가 아까워서 목이 긴 우리 집 푸들 강아지 코아 옷을 만들어봤는데 역시나 잘한 일이었다. 은근히 코아의 브라운 색 털과 잘 어울려, 애견 말티즈를 두 마리나 키우시는 시엄니께서 집에 오셔서 보시고는 어디서 그렇게 고급스런 강아지 옷을 샀느냐고 물어보셔서 엄청 뿌듯했었다.

before

남편 니트로 일석이조 리폼에 도전했다. 딸아이 조끼 원피스, 강아지 털옷까지! 자른 부분은 털실로 코바늘뜨기를 해서 마무리하면 된다.

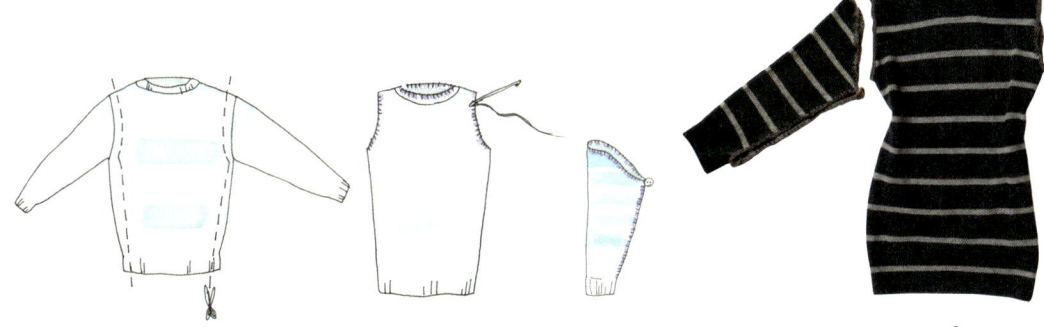
after

before

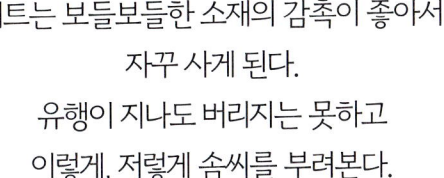

니트는 보들보들한 소재의 감촉이 좋아서
자꾸 사게 된다.
유행이 지나도 버리지는 못하고
이렇게, 저렇게 솜씨를 부려본다.

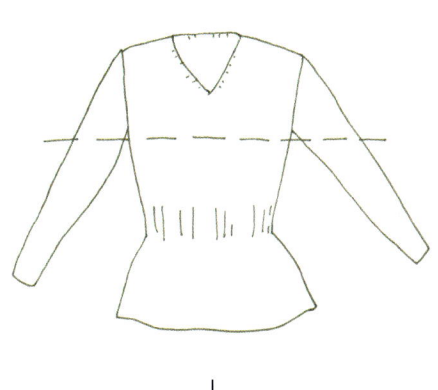

after

유행 지난 허리 잘록한 니트가 미니 망토로
우리나라는 왜 이렇게 유행도 사사샥 바뀌는지. 돌아서면 새로운 패션이 나와 있고, 유행이 지났다고 헐지도 않은 옷을 버리기는 아깝고, 그렇다고 누굴 주자니 별로 달가워하지도 않을 것 같고…. 그럴 때 옷을 놓고 이런저런 고민을 하곤 한다. 내 니트 중에도 유행이 조금 지난 허리가 잘록 들어가고 밑 부분이 조금 퍼지는 디자인이 있어 워머 겸 미니 망토로 변형시켜 보았다. 우선 니트의 허리 윗부분은 잘라내고 아랫단만 미니 망토로 활용한다. 목 부분이 퍼지는 디자인이라 손으로 잘 만져가면서 접어 손바느질로 숨은 뜨기로 마무리. 목의 퍼지는 곳은 요즘 색색의 고무 밴드형 끈이 많이 나와 있어 한 마 사다가 목둘레에 끼워 사이즈를 조절할 수 있는 리본형으로 만들었다. 그래도 조금 심심할 것 같아 동대문 종합시장 5층의 코르사주 파는 가게에 들러 재료를 사다가 브로치를 만들어 포인트를 주었더니 로맨틱한 망토가 완성.

아우터 리폼은 짜릿해!

버리기 정말 아까운 옷 중의 최고를 꼽으라면 바로 값비싼 코트와 아우터 등이다. 옷장 안에 고이 잠자고 있는 값비싼 아이들을 꺼내서 펼쳐보자. 조금만 아이디어를 발휘하면 리폼으로 얼마든지 새롭게 입을 수 있다.
특히 남자용 코트나 재킷 같은 고급 소재는 꺼진 불도 다시 보자는 정신으로 살펴보면 건질게 꽤 있다.

before after

남편의 스웨이드 재킷을 나의 오버 사이즈 재킷으로
요즘엔 서울 외곽에 외국에서나 봤던 프리미엄 아웃렛이 많지만, 예전엔 브랜드들에서 재고 정리를 할 때는 체육관 같은 곳을 빌려서 행사를 하곤 했었다. 15년도 전에 브랜드 재고 정리 행사장에서 소재도 좋고, 포켓 디테일이 멋있어서 구입했던 남편의 스웨이드 재킷. 이런 옷이면 늙어 죽을 때까지 입겠다 싶었지만 한 5년 입으니까 절대 안 입게 되는 것이 인지상정. 하지만 소재도 너무 좋고 베이식한 스타일이라 유행이 한 번 돌면 또 입지 않을까 해서 그냥 보관하고 있었다. 그런데 유행은 그렇게 돌지 않았고, 여자 재킷이 아빠 재킷 얻어 입은 것 같은 오버 사이즈가 유행하는 거다. 그래서 남편의 스웨이드 재킷을 꺼내서 어떻게 할까, 궁리 좀 했다. 품은 보기 좋게 오버 사이즈라 그대로 두고 소매만 7부로 자른 뒤 살짝 접어 재봉틀로 박음질해서 마무리했다. 안감은 겉 소매보다 짧게 잘라 접어서 박는 게 노하우.

가죽 재킷을 멋진 클러치로

보들보들한 감촉이 좋은 수십 년 묵은 남편의 양가죽 재킷. 널따란 등판을 잘라 요즘 유행하는 클러치로 만들었다. 크기는 아이패드도 들어가는 콤팩트한 사이즈. 양가죽은 얇고 바느질하기 쉬워 가정용 재봉틀로도 충분히 박을 수 있다. 뚜껑 식으로 만들고 앞부분에 가죽 여밈 장식만 달았는데도 내 맘에 흡족한 클러치가 되었다.

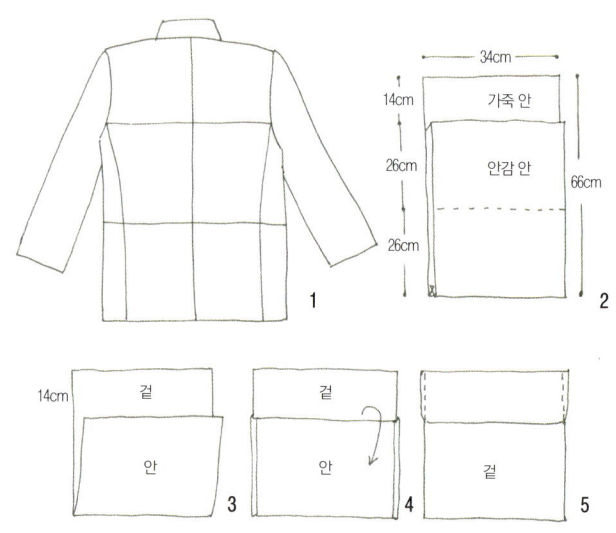

1 가죽 재킷의 뒷면을 잘 펴서 놓고 가운데 절개선 양옆으로 34×66cm 사이즈로 재단한다. 안감은 34×52cm 사이즈로 재단한다.
2 그림과 같이 가죽의 안쪽에 안감을 안이 보이게 놓고 안감을 따라 양옆과 밑면을 박아 뒤집는다.
3 뚜껑 부분 14cm는 남기고 가죽을 겉끼리 마주보게 접은 뒤 양옆을 박는다.
4 그림과 같이 시접을 바이어스로 감싸 마무리한다.
5 뒤집은 뒤 뚜껑을 덮고 몸판보다 튀어나온 부분을 가위로 잘라서 크기를 맞춘다.

10년 넘은 무스탕 코트, 조끼로 변신

결혼할 무렵 구입한 무스탕 코트. 추위를 많이 타기 때문에 아주 잘 입었는데 유행이 자꾸 바뀌고 사람 마음도 간사한 터라 약간은 넉넉한 핏의 코트가 눈에 거슬렸다. 해마다 겨울이 되기 직전이면, 이걸 가죽 전문 수선방에 갖다 줄까 말까 고민하다가 수선비가 엄청 비싸다는 걸 알고는 무작정 내가 고쳐보기로 했다. 준비물은 도루코 단면도만 있으면 간단! 무스탕은 가위 대신 가죽 면에 단면도로 재단을 해줘야 한다. 단면도로 소매 부분을 재봉선 옆을 따라 조심스럽게 잘라낸다. 몸통을 줄이려면 몸통 옆선 재봉선을 따라 옆선도 길게 잘라낸다. 몸통 라인은 입어보면서 원하는 라인에 맞춰 핀으로 살짝 고정시키고 가죽 면을 위로 해서 재봉틀로 한 땀 한 땀 정성껏 박는다.

이때 노루발 압력기가 있는 재봉틀이면 압력을 좀 느슨하게 하여 작업한다. 또 가죽이 노루발에 잘 미끄러지지 않는 원단이라면 가죽 전용 노루발로 갈아 끼운 뒤 사용한다. 털이 박음질 부분에 집힌 것은 송곳이나 뾰족한 것으로 잘 정리해 주면 된다. 무스탕 역시 내추럴한 스타일의 옷이므로 자연스럽게 잘라내도 오히려 더 멋스러워서 내가 리폼한 코트 아랫단은 일부러 반듯하지 않게 재단했다. 무스탕은 올이 풀리지 않는 원단이라 겉면에 놓고 바느질해도 전혀 어색하지 않고, 실제 그렇게 재봉하는 옷들도 많다.

before

보라색 물을 들인 리넨 소재 트렌치코트

한참 내추럴 스타일이 유행할 때 '루나홈'에서 판매했던 리넨 트렌치코트. 일본 브랜드 '포그' 스타일이었는데 이젠 그것도 살짜기 유행이 갔다. 그리고 내추럴 리넨이라는 소재는 잘~ 입으면 멋지긴 한데 가끔은 너무 내추럴해서 화장 제대로 하지 않으면 좀 칙칙해 보일 수도 있다. 그래서 요즘 버닝중인 보라색으로 염색을 해보기로 했다.

천연 염색도 좋지만 큰 문구점에 가면 늘 구할 수 있는 다이론 염료로 간편하게 염색에 도전! 큰 기술 없이 만드는 법만 잘 보면서 해도 충분하다. 그런데 나는 옷 무게에 비해 염료 용량이 부족했는지 원하는 보라색은 나오지 않았지만 조금은 새로워져서 대만족이다.

시판 염료든 천연 염색이든 옷의 기본 색이 연해야 염색이 잘 된다. 완전히 흰 옷이라면 좀 더 원하는 색을 쉽게 얻을 수 있지만 리넨처럼 기본 베이스가 좀 있는 옷이라면 100% 원하는 색을 얻기는 좀 힘들다. 옷 사이즈는 작을수록 염색이 잘 되고, 큰 옷은 얼룩질 수 있으니 잘 뒤적여주어야 된다. 염료 용량을 지킬수록 염색 후 나오는 색이 좋다.

준비물 다이론 염료 1봉지(티 셔츠 한 장 기준), 소금, 물, 비닐장갑

1 마른 옷 무게를 확인한 후, 깨끗하게 세탁하여 젖은 상태로 둔다.
2 500㎖ 의 따뜻한 물에 따로 염료를 잘 녹인다.
3 40℃ 이상의 따뜻한 온수 한 대야(약 6리터) 250cc 의 소금을 녹인다.
4 염료 녹인 것을 소금물에 넣고 잘 섞는다.
5 옷을 넣고 15분 동안 골고루 뒤적여주고 그 뒤 45분 동안 규칙적으로 뒤적여준다. 옷을 꺼내 찬물, 따뜻한 물 순서로 여러 번 헹궈준다.

after

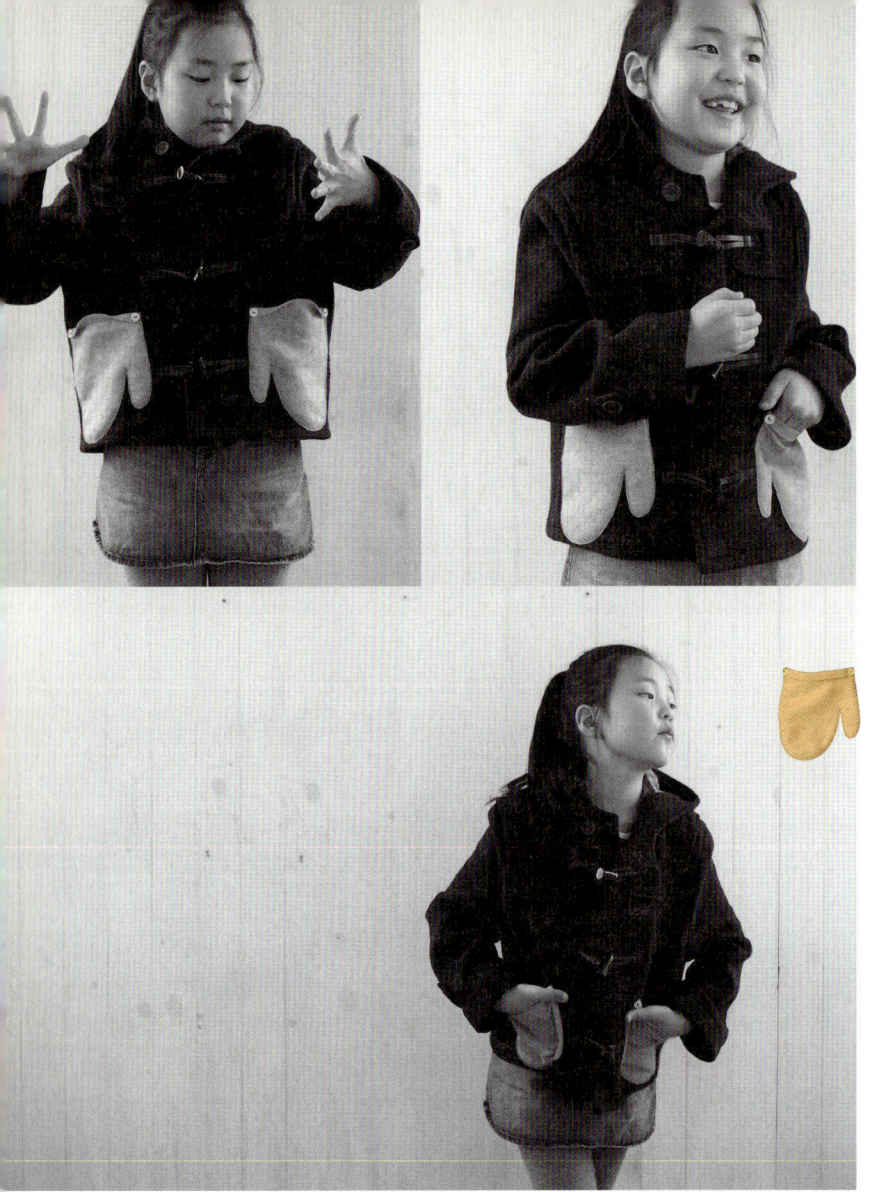

더플코트 리바이벌

옛날엔 그랬다. 학생들이 가장 깔끔하게 멋을 낼 수 있는 옷이 바로 떡볶이 코트라 불리던 더플코트였다. 내 더플코트도 혹시나 싶어 장롱 깊숙이 보관. 큰아이가 어릴 때 입던 더플코트는 언젠가 둘째가 입겠지 하고는 역시 장롱 깊숙이~. 이젠 막내 차례를 기다리면서 보관함에 고이 모셔져 있었다. 버리지도 못하고 입히지도 못하고 있었는데 그새 훌쩍 자란 막내에게 잘 맞았다. 그런데 스타일이 너무 올드해서 그냥 입히긴 좀 무겁고 둔해 보여서 과감히 주머니를 없애고, 롱 코트를 엉덩이 선까지 오는 쇼트 코트로 만들었다. 여기에 바느질이 손쉬운 펠트로 포인트 주머니까지. 태영이는 벙어리장갑 모양의 주머니가 재미있는지 자꾸 손을 넣어본다. 더플코트는 주로 안감 없이 두꺼운 소재의 모직으로 만들기 때문에 길이만 줄이는 것은 그리 어렵지 않다. 재봉틀로 박기가 어렵다면 스팀다리미로 잘 눌러서 모양을 잡은 뒤 숨은뜨기나 새발뜨기 등으로 손바느질을 해주면 된다.

before → after

액세서리는 더 쉽다!

때로는 예쁜 패브릭 액세서리가 보석보다 더 빛나는 진가를 발휘하기도 한다. 베이식한 옷에 은근히 멋을 내고 싶을 때는 액세서리에 신경 쓰는데 요즘 내 눈에 꽂힌 것이 바로 패브릭 액세서리다.

리넨 바덴 레이스 스카프

옷차림이 심플함을 넘어 초라해 보이거나 뭔가 2% 부족할 때 스카프만 한 게 없다. 특히 환절기에는 어떤 옷에 걸쳐도 잘 어울리는 리넨 스카프를 추천한다. 내추럴한 리넨에 레이스를 더하면 무언가 아스라한 느낌을 준다. 시장이나 인터넷 사이트에 보면 정말로 예쁜 레이스가 많은데 특히 고급스러운 바덴 레이스를 강추!

1 리넨 원단을 가로 135×세로 25cm 사이즈 길쭉한 삼각형으로 재단해서 모서리는 둥글려 놓고 오버로크나 지그재그처리로 박아 끝단을 마무리한다.
2 레이스는 원하는 길이보다 좀 더 길게 준비해서 박는다.

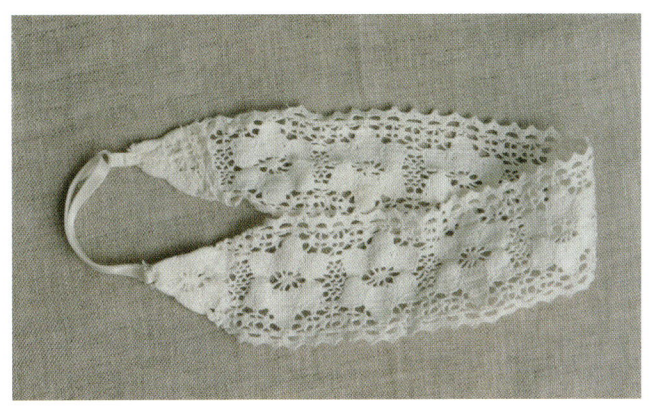

레이스 머리띠

머리띠를 하면 잔머리 정리하기 좋아서 딸 가진 엄마들이라면 수도 없이 많을 것이다. 한데 가격도 만만치 않고 너무 알록달록한 것들이 많아 집에 있는 레이스로 만들어 보았다. 폭 5cm가 넘는 레이스를 아이 머리띠 길이에 맞춰 자르고 끝 부분을 삼각으로 접어 바느질한 뒤 길이 조절하는 어깨끈을 달아주면 어른아이 모두 착용 가능하다.

1 폭이 5cm 이상 되는 레이스를 기존의 아이 머리띠에 맞추거나 45cm 길이로 자른다.
2 끝 부분을 삼각으로 접어 바느질한다.
3 스판기 있는 고무줄을 달아 완성한다.

내 딸들이 하얀 레이스나 자수 손수건을 지니고 다니는 여자로 자랐으면 좋겠다

펠트 단추 목걸이

펠트는 정말 대견하다. 올이 풀리지 않기 때문에 영 손재주가 없는 사람도 쉽게 도전할 수 있는 리폼 재료다. 카키색 펠트에 알록달록한 단추를 붙여서 목걸이를 만들었다. 아이와 함께 단추를 고르고 위치를 정해서 달면 더욱 뜻 깊은 액세서리가 될 듯하다.(88p 본 참고)

딸들을 향한 엄마의 로망

예쁜 옷을 사 입히면서 키우고 싶은 게 딸 가진 엄마 마음일 거다. 그런데 쉽지 않다. 더구나 나처럼 셋이나 되는, 그것도 멋 부리기 좋아하는 딸들을 둔 엄마는 더 그렇다. 한 벌 사면 큰아이부터 막내까지 3단계로 물려 입히기는 기본이다. 하지만 차별은 안 되니까 그냥 물려 입히지는 않는다. 아이디어를 짜내서 마치 새로 산 옷 같은 기분을 내주어야 뒷말이 없다.

나는 옷도 옷이지만 소소한 액세서리들을 자주 만든다. 하나 만들어서 여기저기 다채롭게 활용한다. 내 딸들이 다 예뻤으면, 보석처럼 반짝반짝 빛났으면 하는 게 엄마 마음일 테지. 여기 소개하는 하얀 레이스 칼라는 만들어 놓고 한참을 들여다보았던 아이템이다. 마음에 든다. 특히 원피스에 곁들이면 영국 어디쯤의 귀족 집 딸 느낌이 난다. 물론 티셔츠에도 괜찮다. 쓰임이 아주 다양한 편이다.

데님 원피스 위에 레이스 칼라 얹어주고는 그것도 모자라 머리 곱게 빗어주었다. 아이는 엄마 립스틱을 발라가며 여자 놀이를 하고, 그런 아이를 보는 나는 내내 흐뭇했다. 지들을 보면 엄마 마음에 꽃물이 든다는 걸 애들은 아직 모르겠지.

레이스 칼라 장식
플랫칼라를 목걸이처럼 만들어 거는 장식이 최근 인기. 집에서 간단하게 만들어 얌전하게 입고 싶을 때나 아이들 외출복으로 활용한다. 잠그는 여밈을 싸개 단추로 해주면 앞뒤 조금은 다른 느낌으로 사용할 수 있다.

준비물 레이스 원단 1/4마, 싸개 단추
1 원단을 겉끼리 겹쳐놓고 아이의 목둘레보다 적당히 여유 있게 플랫칼라를 두 벌 그린다. (89p 본 참고)
2 시접을 1cm 남겨두고 자른 뒤 재봉틀로 창구멍을 제외한 부분을 촘촘히 박는다.
3 뒤집어 창구멍은 공그르기로 막아서 마무리한다.
4 뒷쪽은 칼라를 살짝 겹쳐서 감침질로 연결한다.
5 앞쪽은 단추를 달고, 단추를 여밀 실을 연결해 준다.

리버티 진주 팔찌
원단으로 모조 진주를 완전히 감싸는 것보다는 진주알이 살짝 보이게 감싸도록 원단 폭을 정하는 게 예쁘게 만드는 비결이다.

준비물 모조 진주 지름 10㎜ 이상 팔 둘레만큼. 리버티 원단 끈 가로세로 3×45cm
1 원단을 3cm 폭으로 가위집을 낸 뒤 길게 찢는다.
2 원단에 리본 묶을 분량을 남겨놓고 실에 매듭을 지어 바늘을 통과시킨다.
3 실을 한 번 돌려 감는다.
4 돌려 감은 그 실로 진주 한 알을 통과시킨 뒤 원단으로 감싼다.
5 다시 한 번 실로 원단을 돌려 감는 걸 반복한다.
6 팔에 둘러보고 원하는 길이만큼 진주를 넣어 감싸준 뒤 다시 실을 돌려 감아 매듭을 튼튼하게 지어 마무리한다.

네오디움 자석 브로치

나이가 드니 촌스럽다고 생각했던 브로치가 자꾸 눈에 밟힌다. 명품 브랜드에서 자석 브로치가 나온 것을 보고 따라 만들어봤다. 브로치에 활용한 네오디움 자석은 개당 2백~3백원으로 인터넷에서 구입할 수 있다. 크기는 작지만 자력이 강해 자석끼리 붙으면 떼기가 힘들 정도. 바늘 자국 내기 싫은 옷에 네오디움 브로치를 달거나 가죽 옷이나 가방에도 바늘 자국 없이 브로치를 달고 싶을 때 좋다. 갖고 있는 머리핀이나 옷핀이 달려 있는 브로치를 활용해도 좋고 나만의 개성이 담긴 오브제를 만들어도 좋다.

준비물 자투리 털, 보석 단추 대여섯 개, 네오디움 자석, 망사 조각, 글루건
1 가방 리폼하고 남은 토끼털 가죽 자투리 위에 보석 단추를 단다.
2 윗면에 포인트가 될 정도로 한데 모아서 단추를 단다.
3 가죽 뒷면에 레이스나 망사를 주름 잡아 덧붙인다.
4 글루건으로 네오디움 자석을 붙이면 완성.

  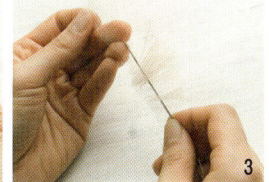 

손을 자유롭게 쓸 수 있는 니트 워머
아무리 베이식 스타일이 좋은 나라도 온통 무채색인 겨울에는 늘 입는 화이트나 블랙이 지겹다. 아이들도 작아서 못 입는 니트 스웨터의 소매 부분을 잘라 손가락이 모두 나오는 워머를 만들었다. 요즘 부쩍 소매가 짧게 나오는 코트에 보온성을 더해 주기도 한다. 엄지손가락이 들어갈 부분은 쪽가위로 1cm 잘라주면 따로 마무리할 필요 없다.

단추 어그 리폼
몇 년 전 코스트코에서 따끈한 신상이라는 단추 어그를 겟! 했지만 집에 와보니 뭔가 2% 부족한 느낌이 계속 떠나지 않았는데…. 단추가 하나 달린 부분이 자꾸 벌어지면서 너무 헐렁하기도 하고 이도저도 아닌 디자인이 돼 버렸다. 그래서 생각한 것이 커터 칼로 살짝 단춧구멍을 내서 단추를 하나 더 다는 것. 결과는 힘없이 벌어진 나의 저렴한 어그 부츠가 조금은 특별해 보이고 간단한 방법으로 나만 아는 디테일의 어그 부츠가 완성되었다. 나는 집에 있는 두껍고 큰 회색 자개단추를 사용했지만 동대문 종합시장 단추 코너에 가면 정말 다양한 종류의 단추가 많다. 그중 맘에 드는 단추로 모두 갈아줘도 좋고, 어린이용 부츠라면 튀는 배색의 단추로 디테일을 살려도 예쁠 것이다. 양가죽에 단추를 달아주려면 두껍고 긴 이불 시침용 대바늘로 달아주는 게 편하다.

토끼털 가죽 덧댄 가방

화이트 가방을 왜 샀을까? 조심조심 들어도 때가 타고 후줄근해졌다. 동대문종합시장 1층에 가죽과 털 트리밍 파는 곳에서 1만원도 안 되는 가격에 건진 토끼털 가죽 한 장으로 가방을 리폼해 보았더니 명품 부럽지 않네.

1 가방보다 큰 사이즈의 털 가죽이 필요하다.
2 가방 라인을 따라 연필로 재단선을 그린 뒤 도루코 면도칼로 가죽을 자른다.
3 3M 강력접착제나 돼지표 본드로 가죽을 가방에 꼼꼼하게 붙이고 무거운 것으로 눌러둔다.

| 데님 슬리퍼 실물 본 |

슬리퍼 바닥판

접는 선

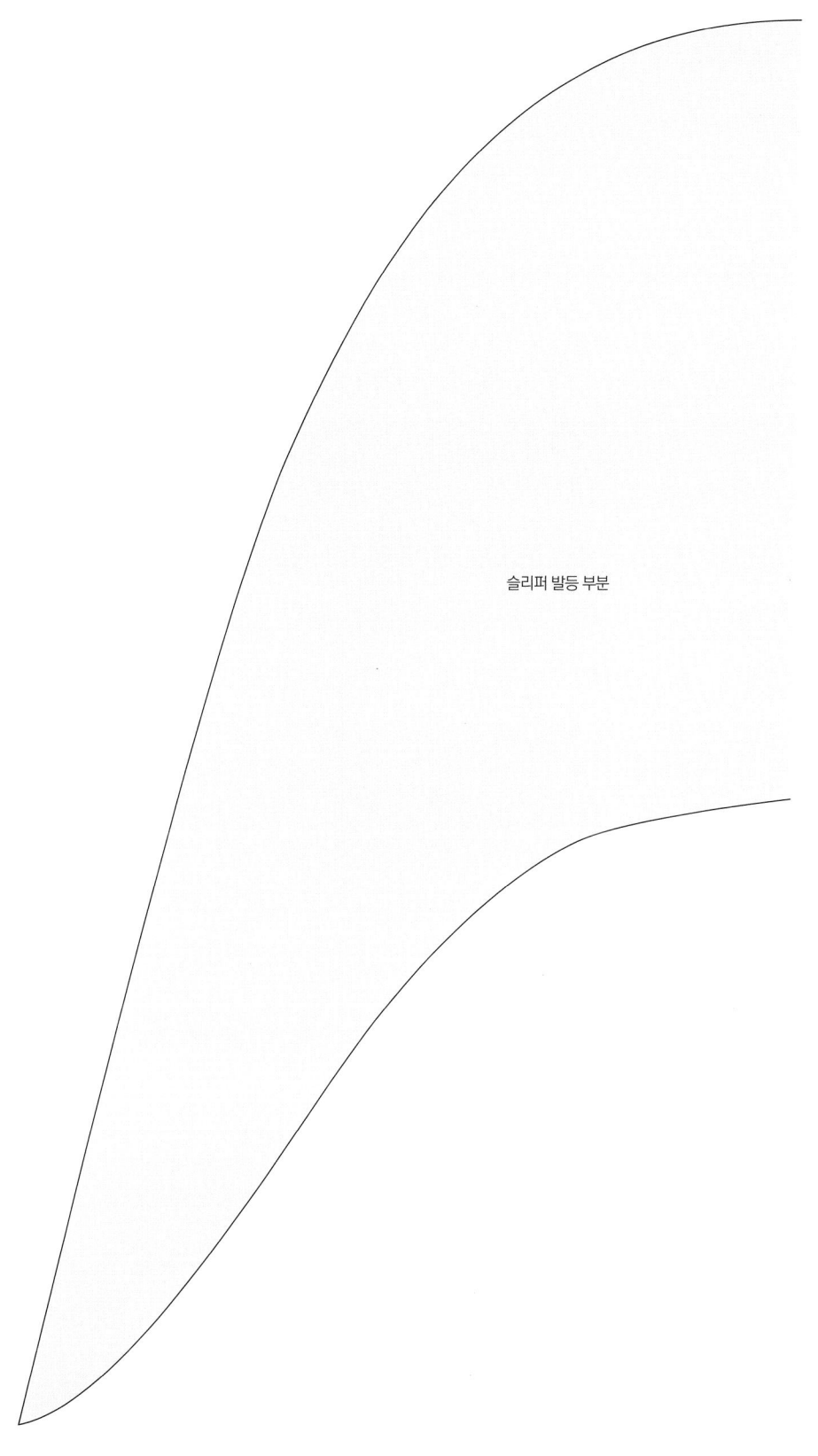

슬리퍼 발등 부분

단춧구멍

| 펠트 단추 목걸이 실물 본 |

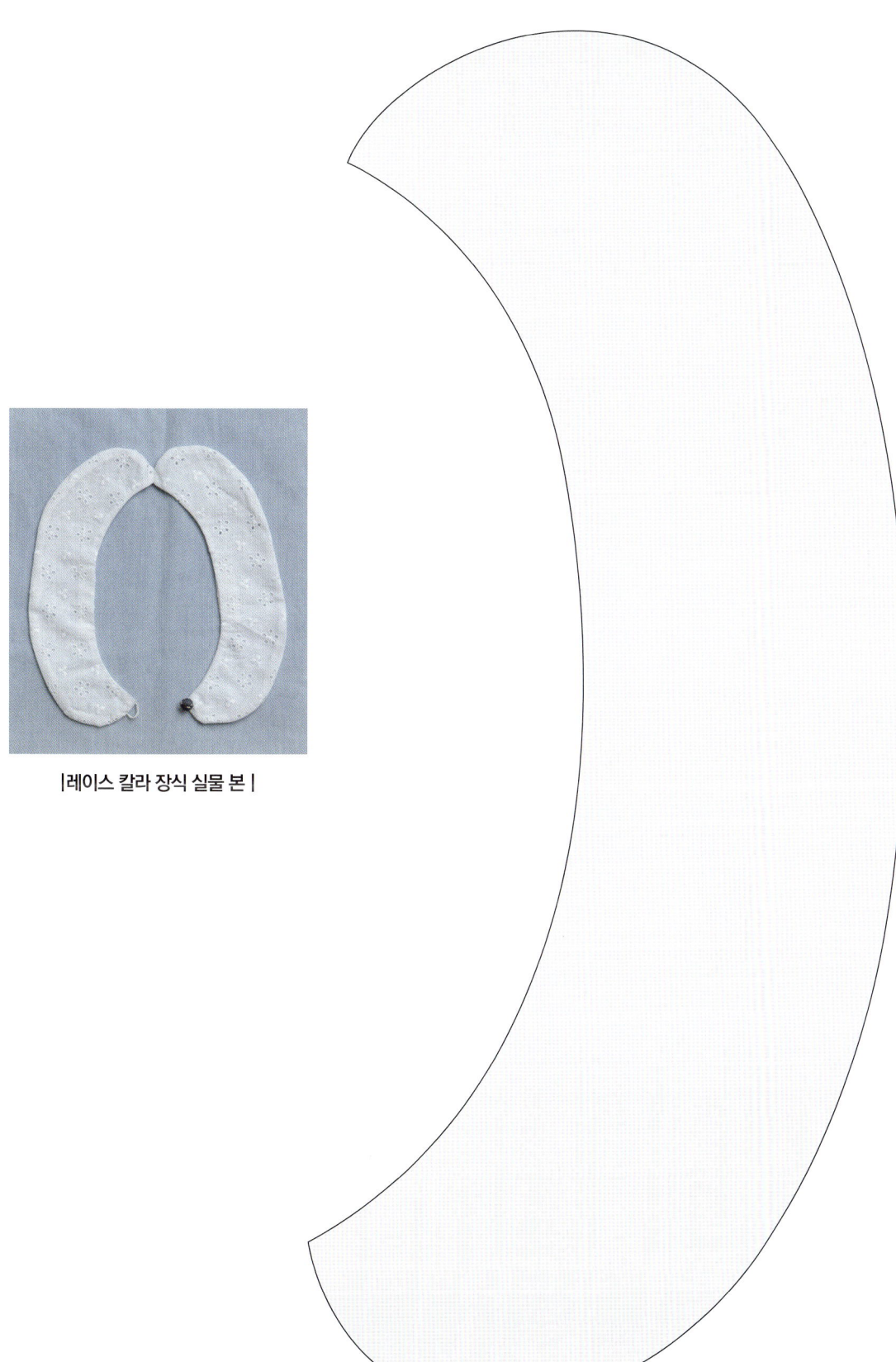

|레이스 칼라 장식 실물 본|

2장

하면 된다!
헌 집, 헌 살림
고쳐 보기

'루나홈'이라는 패브릭 브랜드를 만들고 한옥을 얻어 작업실을 꾸몄었다. 꿈만 같았다. 그곳에서의 시간들은! 지금은 없다. 그 집도, 그때의 낭만도. 요즘 우리 가족은 아파트에 살고 있다. 처음 이사해서는 불만이 많았다. 집이 뭐 이렇게 재미없나, 그랬다. 차근차근 고쳤다. 하룻밤에 만리장성 쌓겠다는 생각만 아니라면 내 손으로 고쳐보는 기쁨이 의외로 크다. 핸드메이드란 중독 같아서 안 하고는 못 배긴다. 마감재에서부터 정말 소소한 살림들까지, 아이들 데리고 놀 듯이 도전할 수 있는 집과 소품 좀 보고 가자.

공구는 나의 힘!
뚫어~

집이야, 카페야?
루나 식 '내 멋대로 홈 커버링'

그때 난 마사 스튜어트가 되고 싶었어

난 집이 좋다. 특별히 어떤 스타일을 추구하기보다 그저 편안한 집이 좋다. 갤러리같이 모던하거나 럭셔리한 공간보다는 식구들이 집에 돌아왔을 때 반가이 맞아주는 아늑한 소파가 있고, 지친 몸을 쉴 수 있는 그런 편안한 집을 만들고 싶었다. 반찬이 몇 가지 없어도 주인이든 손님이든 두런두런 모여 앉아 맛있게 나눌 수 있는 그런 식탁이 있는 집.

1998년 결혼하고 학생 부부로 미국에 갔을 때 미국은 온통 마사 스튜어트 열풍이었다. 살림을 예술의 경지로 끌어올린 그녀. 앉아서 TV만 틀어도 쉽게 접할 수 있는 마사 스튜어트 리빙은 살림계의 스페이스 오디세이였지! 마사 스튜어트는 한국에서도 말로만 들었지 실체가 어느 정도인지 몰랐는데, TV 채널을 돌리다 보면 그녀의 리빙 프로그램이 본방에 이어 재방까지 수도꼭지를 틀어놓은 것처럼 쏟아져 나왔다.

그녀는 그냥 살림만 하는 것이 아니라 요리, 청소, 정리, 집 꾸미기, 바느질, 식물 가꾸기, 애완동물 키우기까지 못 하는 게 없었다. 손을 놀리는 솜씨를 보면 그녀의 재주가 단순한 연출이 아님을 알 수 있었다. 그때부터 나는 내 머릿속의 복잡한 생각들을 심플하게 정리했다. 나도 살림 전문가가 되기로! 지금 생각하면 참 패기 넘쳤던 것 같은데, 그래도 늘 비슷하게 따라 하고 싶어서 매일 부지런히 움직였던 것 같다.

아직은 어리고 철없던 엄마였던 나는 그때부터 매일 새로운 음식에 도전했다. 직접 과자도 굽고, 큰딸 하영이 놀이옷도 만들며, 소파나 의자에도 옷을 지어 입혔다. 아마 남편과 아이를 나의 마사 스튜어트 되기 프로젝트의 실험도구로 삼았던 듯하다.

그리고 자주 들르던 학생들에게도 늘 음식을 대접하며 소심하게 마사 스튜어트 흉내를 내고 싶어 했던 것 같다(남편은 그때 찐 살을 빼느라 아주 애를 먹었다). 매일 TV에서 리빙 관련 프로그램을 시청하며, 방 하나에 거실 하나 있는 원 베드룸 아파트를 쓸고 닦으며 훗날 내 집이 생기면 어떤 스타일로 꾸밀지 꿈꾸고, 또 꿈꾸었다.

그때부터 내가 집을 꾸미는 스타일은 딱 하나, 편안한 스타일이다. 아이들도 셋이나 되고, 마사 스튜어트가 롤 모델인 관계로 마당 있는 집은 나의 로망이다. 하지만 대한민국에서 마당 있는 단독주택을 갖기란 하늘의 별따기. 몇 년 전 '루나홈'이라는 패브릭 브랜드를 만들고 쇼룸 겸 작업실을 차린 곳이 운 좋게도 작은 한옥 한 컨이었다. 그곳에서 세상의 온갖 벌레를 다 만나고, 한겨울의 공포감 넘치는 추위와 쉴 새 없이 사람 손이 필요한 집의 시중을 들며 지냈지만 난 아직도 한옥 처마를 넘나드는 햇살과 오래된 나무의 따뜻한 온기가 그립다.

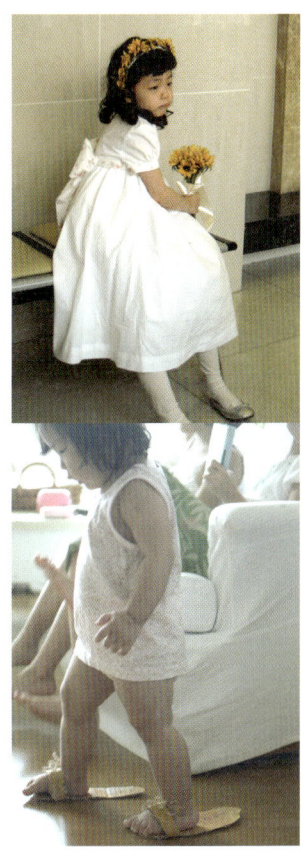

마당 있고, 볕이 좋은 집에서 아이들을 키우고 싶었다. 하지만 아파트에 산다. 대신 아이들이 기뻐할 만한 공간을 만들어주고 싶었다. 그래서 쉴 틈 없이 뜯고, 박고, 칠을 했다.

내 브랜드 '루나홈'의 쇼룸이자 작업실이었던 한옥. 다시 돌아가고 싶은 그리운 곳

필요한 곳만 골라, 저렴하게 고쳐 살기

지금의 아파트로 이사 오면서 어떻게든 주택의 느낌을 살리고 싶었다. 내가 좋아하는 나무, 돌, 화초 등으로 다섯 식구의 복잡한 살림을 편안하게, 편리하게 바꾸는 것이 나의 임무이자 즐거움이라고 생각하고 열심히 꾸몄다. 아파트는 깨끗했지만 1층부터 맨 위층까지 똑같은 자재, 똑같은 구조의 집을 바꾸고 싶었다. 특히 붉은 갈색(체리 색)톤의 필름지로 온 집 안이 뒤덮인 초기의 우리 집은 정말 아무리 예쁘게 꾸미고 싶어도 체리 색이 망치고 있는 것 같았다.

참다못한 어느 날 마트에서 흰색 시트지를 잔뜩 사와서 체리 색이 보이는 몰딩이며 창틀이랑 다 발라버리고 그때부터 루나 홈은 슬슬 화이트 하우스로 리폼되기 시작했다. 처음 집을 고쳤을 때가 막내 태영이가 돌도 되기 전, 아마도 2007년도 초였던 것 같다. 이제 갓 막내딸을 낳고, 나 혼자 모든 걸 DIY로 할까도 많이 고민했다.

하지만 아이도 너무 어렸고, 괜히 DIY 잘못했다가 집값 떨어질지도 모른다는 생각에 인테리어 가게들을 수소문하고 다녔다. 시골집 전체 수리도 했었고, 친구네 공사도 도와줬건만 정작 내 집 고치려니 걸리는 게 한두 가지가 아니었다. 왜냐하면 욕심은 많고 돈은 한정적이었으니까.

그래서 결국 내가 원하는 스타일을 잘 수용해 줄 것 같은 젊은 인테리어 업자와 함께 수리를 진행하기로 했다. 공사를 할 때 실제 진행을 맡은 책임자와 의사소통이 잘 되어야 내가 원하는 그림을 얻을 수 있는데, 그런 점에선 여러 가지를 잘 배려해 주어 예쁜 집을 얻을 수 있었다. 그 당시 공사 비용은 정확하지 않지만 공사비로 2천만원을 지불하고, 자재는 세부적으로 내가 원하는 것으로 구입했고, 또 가구도 내 스타일로 다 맞췄다. 공사한 이후에도 그대로 만족하지 못하고 계속 변경시키고 있으니 우리 집 공사는 늘 진행형이나 마찬가지다.

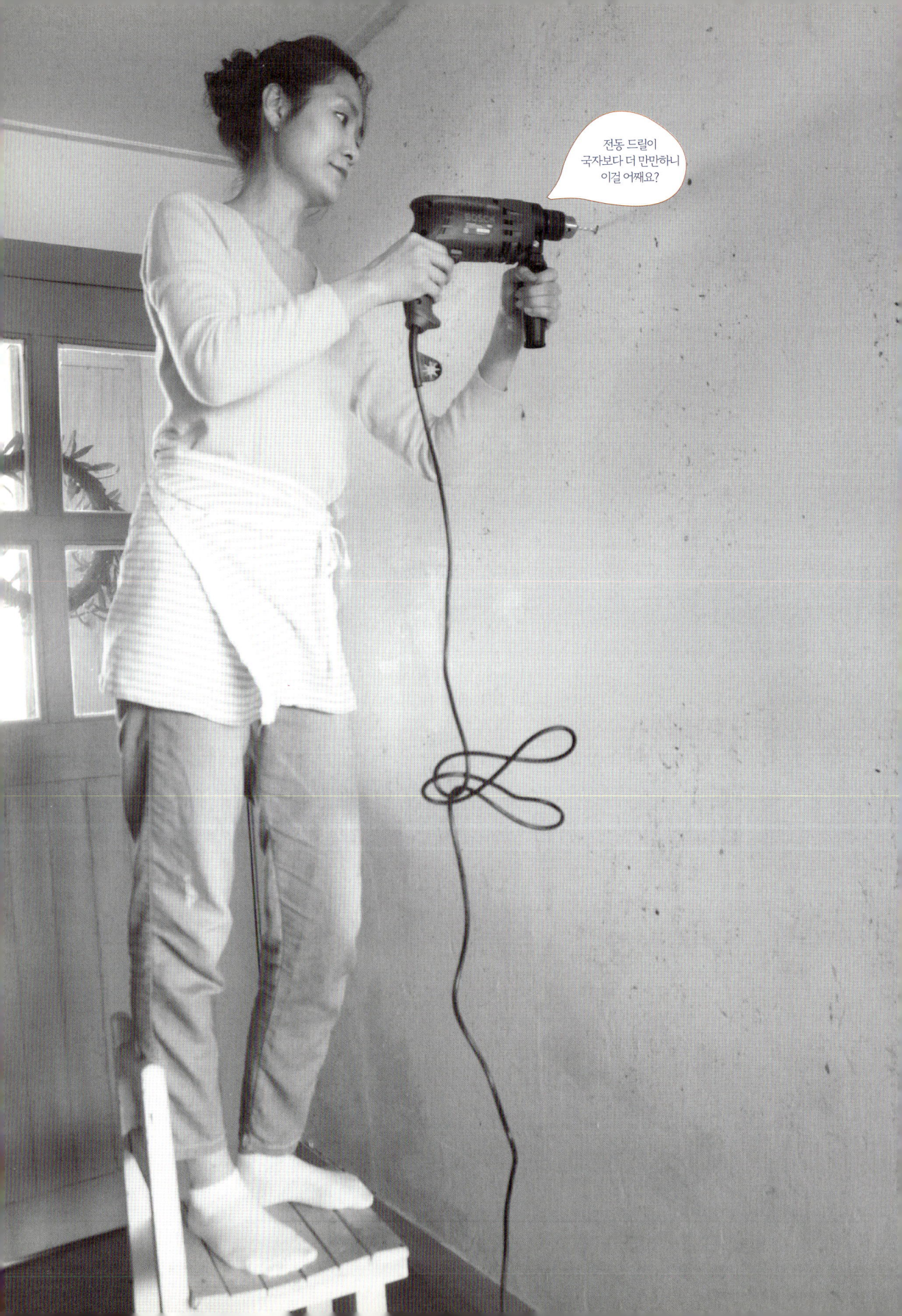

수리 수선과 장식

개조라는 말은 감히 쓰지 않을 참이다. 기본 공사를 하고 이사한 뒤 정말이지 틈만 나면 뜯고, 붙이고, 칠을 했었다. 아무리 솜씨가 좋아도 여자 힘으로 할 수 있는 일이란 대개가 수리 수선에 가깝다. 있는 살림살이들 이리저리 꿰어 맞춰가며 애를 썼을 뿐인데 그렇게 소소한 작업들이 쌓여서 이젠 제법 괜찮아 보이는 공간이 된 듯하다. 역시 뭐든 차근차근 이뤄낸 일이 더 의미 있는 것 같다. 지금부터는 그 얘기, 고치고 장식한 내 집 이야기를 해볼 차례다.

현관에는 콘솔과 나무 선반이 있다. 콘솔 위에는 가족 여행 사진과 아이들 사진을 올려놓았다. 누군가 우리 집을 방문했을 때 가장 먼저 접하는 공간이니만큼, 가족 구성원을 소개하자는 의미다. 콘솔은 얼핏 보면 앤티크 가구 같지만, 실은 결혼할 때 '모던하우스'에서 아주 저렴한 가격에 구입했던 확장 테이블을 접은 것이다. 작은 서랍이 있어서 제법 쓸모 있다. 워낙 선반을 좋아하는데 빈티지한 화이트 선반은 '쉐르보네'라는 가든 용품점에서 아주 저렴하게 구입했었다. 그런데 너무 저렴한 나머지 열쇠를 걸 고리가 없어서 그냥 망치로 못을 몇 개 박았다.

현관

현관이란 그 집의 얼굴이나 마찬가지다. 그 첫인상은 오래 남는 법이다. 지친 몸을 끌고 집에 들어왔을 때 가장 먼저 나를 반겨주고, 처음 방문한 사람에게는 우리 집이 어떤 집인지 제일 먼저 설명해 줄 수 있는 공간이니까. 깨끗한 화이트 벽에 손님을 위한 옷걸이도 준비해 두고 주택에서나 만날 법한 바질색 중문을 만드는 것으로 일단 만족.

바질 색 중문 페인팅

나는 외국의 주택에서 본 듯한 격자무늬가 들어간 나무문을 꼭 만들고 싶었다. 그래서 체리 색 필름지가 붙은 원래 문 위에다 합판을 덧대서 내추럴 스타일로 리폼했다. 하지만 공사하면서 선택한 페인트 색깔은 완전 실패였다. 결국 다시 칠하기로 결정하고 온 가족이 페인트칠에 동참했다. 나와 남편은 물론 아이들까지 조금씩 힘을 보태 말끔하게 새 페인트칠을 마친 것이다. 밀크 페인트를 구입해서 맨 아래는 빨간색, 그 다음엔 그린 계열의 바질 색을 바르고, 맨 위는 빈티지 효과를 내는 바니시를 덧칠해서 요런 오묘한 색이 나오게 된 거다. 실은 몇 년에 한 번씩 색을 좀 바꿔볼까도 했지만, 이미 이 바질 색 빈티지 도어는 우리 집의 상징이 되었기 때문에 아마도 마음에 큰 변화가 없는 한 계속 이 색으로 갈 것 같다.

Tip 혼자서 도배하기 우리 집처럼 곰팡이가 생겼다거나 벽지가 많이 찢어진 상태가 아니라면 간단히 수리할 수 있다. 인터넷에 검색하면 풀이 발라진 상태로 배송되는 벽지도 있고, 마트에 가면 다양한 페인트를 만날 수 있으니 좀 더 간단한 DIY가 가능하다. 결로 문제가 심각하다면 전문가와 상담하는 게 좋을 듯하다.

페인트칠하느라 바쁘다, 바빠!

곰팡이 벽 다시 칠하기

집 안은 늘 갈고 닦아도 거슬리는 부분이 꼭 있다. 그래도 그럭저럭 모른 척하며 몇 년을 살다가 어느 날 갑자기 그게 눈에 딱! 들어오면 바로 실행에 옮겨야 직성이 풀리는 이상한 성질머리를 갖고 있다. 결로 때문에 생긴 현관의 곰팡이가 매일 눈에 거슬리던 어느 날. 무작정 벽지를 뜯어보았다. 오 마이 갓!! 속은 생각보다 훨씬 더 심각했다.

1 일단 곰팡이를 수세미로 깨끗이 닦아내고, 곰팡이 방지제를 발라두었다.
2 벽지는 실크 벽지라 쉽게 떼어낼 수 있었지만 초배지가 붙어 있어서 어찌할까 고민하다가 그냥 초배지 위에 핸디코트를 발랐는데 이것이 재앙이 될 줄이야. 초배지가 핸디코트의 물기를 먹고 스멀스멀 내려앉는 게 아닌가. 다시 급하게 핸디코트를 다 떼어내고, 땜질을 해야 하는 곳만 핸디코트를 채워 넣었다.
3 마트에 가서 다시 페인트를 사와 발랐는데 콘크리트가 드러난 벽은 페인팅이 그리 쉽지는 않았다.

엄마, 나는 무얼 할까요?

욕실

집을 리모델링하면서 정말 신경 많이 쓴 곳이 화장실이다. 타일은 물론 수전과 변기, 수건걸이 하나까지도 을지로에 나가 직접 골랐을 만큼 나에겐 무척 애착이 가는 곳이기도 하다. 머리가 긴 여자가 넷이나 있다 보니 먼지도, 머리카락도 장난이 아니다. 덕분에 늘 화장실 청소로 하루를 마감하는 편이다. 그래야 잠이 잘 온다. 샤워를 하면서 구석구석 타일의 흰 줄눈에 곰팡이가 피거나 물때는 없는지 세심하게 살핀다. 그리고 보이는 대로 뾰족 솔로 닦아내고, 안 쓰는 샴푸나 린스로 슬슬 닦아주면 청소도 되고 좀 더 향기롭게 사용할 수 있다. 곰팡이는 생기기 시작하면 초기에 튜브형 곰팡이 제거제를 발라두어 그때그때 없앤다.

그렇다고 우리 집 화장실이 누워서 자도 될 만큼 티끌 하나 없이 깨끗하다는 건 아니다. 하지만 화장실도 매일 관리하면 마사지를 자주 받는 여자의 얼굴처럼 뽀얘진다. 아마 내 얼굴을 그렇게 관리했으면 미스코리아가 되고도 남았을 텐데….

손님 오실 때 꽤나 신경 쓰이는 공간, 욕실. 가장 사적인 공간이면서 깔끔하게 관리하기 어렵기 때문인 것 같다. 손님이 오셔도 쉽게 알아볼 수 있게 욕실 문 앞에 도기로 네이밍한 조각들을 붙였다.

화장실은 늘 자잘한 물건들로 넘친다. 매일 쓰는 용품들이니 버릴 수도 없고 욕실장에도 자리가 부족하다. 정리 주머니를 만들어서 수건걸이에 걸어놓고 사용했더니 그렇게 편할 수 없다. 주머니 원단은 욕실과 썩 잘 어울리는 수건을 이용해 가장자리에 바이어스를 둘러 마무리했다.

분위기 메이커 샤워 커튼
샤워 커튼은 욕실에서 가장 많이 더러워지는 물건 중 하나다. 조금 쓰다 보면 곰팡이도 생기고 퀴퀴한 냄새도 난다. 아무리 세탁해도 처음처럼 깔끔하게 되지 않아서, 3개월 정도만 쓰고 새것으로 교체하는 편이다. 그러니 처음부터 비싸지 않은 걸로 사용하는 게 좋을 듯하다.

식구가 많으니 수건도 대박
수건이 많으니 욕실 수납장으로는 부족해서 예쁜 바구니에 돌돌 말아 차곡차곡 넣어둔다. 바구니에 뽀송뽀송한 흰 타월이 그득한 걸 보면 배가 부르다. 조금 귀찮아도 하얗게 빨래해서 널어놓으면 그것처럼 상쾌한 일이 없는 것 같다. 나에겐 이런 게 살림의 재미다.

드라이 허브로 기분 전환
욕실에 가장 잘 어울리는 허브를 고르라면 아마도 유칼립투스가 아닐까. 꽃시장에 갈 때마다 4천~5천원 주고 한 묶음 사와서 말렸다가 화장실에 걸어두면 불쾌한 냄새도 조금은 없어지고 보는 사람 기분도 상쾌해진다.

포인트 벽등
주택 분위기, 아니면 집 안에 공사한 티를 확~ 내고 싶을 때 가장 추천하고 싶은 것이 바로 욕실의 수납장과 전등에 변화를 주는 것이다. 공사하면서 집 안의 전등 중 욕실만 내 취향에 맞는 것으로 바꿔 달았다.

실리콘만 새로 쏴도 새집이 된다
욕실은 곰팡이가 늘 골칫거리. 평소 열심히 청소를 해도 완벽하게 깔끔하지는 않아서 2~3년에 한 번씩 내가 직접 실리콘을 칼로 떼어내고, 동네 설비 아저씨께 부탁해 실리콘을 다시 쏜다. 그러면 욕실이 새집처럼 깨끗해진다.

부엌

번쩍번쩍 스틸 소재에 대리석 상판을 올린 럭셔리한 싱크대도 멋지지만, 난 그저 자연스러운 게 좋아서 부엌 싱크대도 나무로 리폼했다. 원래는 체리 색의 모던한 싱크대였는데, 체리 색 거부증이 일어나는 바람에 어느 날 불현듯 마트에서 흰색 시트지를 잔뜩 사다가 밤새 붙여서 흰 싱크대로 변신시켰다. 그 후 나는 시트지 붙이는 기술자로 나서도 될 만큼 솜씨가 업그레이드되었다.
하지만 나는 아직 목마르다. 집의 기본만 리모델링하면서 새 싱크대로 갈아버릴까 고민하다가 너무 낭비인 것 같아 그냥 문 위에 합판을 붙여 내가 원하는 빈티지 스타일로 리폼했다. 그리고 살림 많은 주방은 다른 방법이 없다. 정리하고, 또 정리하는 수밖에.

싱크대 위는 선반으로

그리 넓지 않은 주방에서 싱크대 윗 선반을 포기하는 것은 큰 갈등이었다. ㄱ자 주방이라 선반을 길게 설치하고 소재를 통일해서 수납했더니 한결 보기 좋고 쓰기도 편리해 만족한다.

수납장 위에 그릇 전시

부피가 큰 도자기 그릇은 수납장 안에 보관하기 어렵다. 아예 그릇장 위에 겹쳐 놓으니 장식 효과도 있고 꺼내 쓰기도 편리한 것 같다.

사포질한 도기 손잡이

빈티지한 느낌을 살리기 위해서 나무 합판을 덧댄 싱크대에 국산 도자기 손잡이를 구해 달았는데 너무 반짝거렸다. 오래된 것처럼 만들기 위해 사포로 갈아줬더니 마치 유럽 벼룩시장에서 사 온 분위기가 난다.

주방에서 만능! 라미네이팅 원단

물 닿을 일이 많은 주방에서는 때 안 타는 라미네이팅 원단이 최고! 매트나 티슈 커버로도 즐겨 사용한다. 식탁 위에서 자주 펼쳐보는 노트북 위에도 라미네이팅 매트를 덮어두면 먼지 탈 일도 없어 좋다.

걸레, 너마저 화이트

이런 걸레, 저런 걸레 다 써봤지만, 뭐니 뭐니 해도 오래된 수건으로 만든 타월 걸레가 제일 좋다. 특히 흰색 걸레를 즐겨 쓰는데 일 년에 한 번 정도 새 걸레를 만들어 교체한다. 싱크대에도 매트를 따로 깔지 않고, 늘 발수건이나 걸레를 한 장 깔아둔다. 발밑에 걸레 한 장 깔아 두고 일을 시작하면 바닥에 튀는 물을 발로 쓱쓱 닦아내기 좋다. 우리 집엔 걸레집도 따로 있다. 요 바구니가 걸레집이다.

나무로 만든 커튼 봉

주방 창에 커튼 봉 대신 나뭇가지를 매달았다. 타일과 창틀 사이의 줄눈(메지)에 나사못을 박아 세탁소 옷걸이를 껍질만 벗겨 훅처럼 고정시키고 나뭇가지만 끼우면 된다.

거실과 방

제일 먼저 현관에 들어오면 보이는 우리 집 전경은 주택에서나 볼 수 있는 나무 유리창이다. 예전에 섀시로만 이중창이 되어 있을 때 15층인 우리 집에서 아래를 내려다보면 정말 아찔했다. 게다가 확장형 아파트라 추위와 결로로 인한 문제는 입주자들이 눈물을 머금고 감수할 수밖에 없었다. 그래서 리모델링할 때 제일 꼼꼼히 체크했던 곳이 바로 거실 창문이었다. 아랫부분은 벽처럼 막고, 살짝 턱을 준 뒤에 그 위에 창문을 올렸는데, 아마도 우리 집 공사에서 제일 정교함을 요하는 작업이던 것 같다. 이렇게 공사를 하고 나니 우리 집은 아파트이지만 주택에 온 것 같은 안정감이 생겼고, 3중창이 되었기에 단열도 월등히 좋아졌다.

우리 집 벽은 전부 흰색이다. 다 이유가 있다. 그리 넓지도 않은 집에 여기저기 액자가 한가득이어서 벽이라도 하얘야 조금이나마 넓어 보일 수 있을 것 같아서다. 거기에 조금은 변화 있게 꾸미고 싶어서 '화이트'란 법칙 안에서 거실 벽은 나무 패널로 마감했다. 나무 패널 벽은 좋은 점이 참 많다. 전원주택처럼 따스한 분위기는 물론이고, 못질이 어려운 콘크리트 벽을 나무로 덧대서 마감해 놓으니 작은 나사못으로도 가볍게 액자나 선반을 걸 수 있어서 편리하다.

목수가 만든 가구로 꾸민 부부 침실

사실 침실은 조금 아깝다는 생각이 들 때가 많은 공간이다. 그도 그럴 것이 집에서 가장 넓은 방이지만 잠자는 것 외에는 크게 쓰임새가 없으니 그렇다. 그렇다면 잠자는 시간만큼이라도 최대의 사치를 누릴 필요가 있겠다. 우리 부부 침실은 화려하지는 않지만 아늑한 느낌은 나는 것 같다. 목수이자 가구 디자이너인 시누이 덕분에 내가 원하는 디자인의 차분한 나무 가구를 맞출 수 있었던 게 그 첫 번째 이유고, 수시로 침구와 커튼을 바꿔가며 아늑함을 더해 준 것이 두 번째 이유인 것 같다. 침대 발치에 벤치 하나 만들어 두고 내가 좋아하는 책들을 올렸더니 그것도 제법 멋스럽다.

지도로 도배한 복덕방 인테리어

아이들 방도 전부 흰색으로 도배했는데 그림 그리기 좋아하는 우리 아이들에겐 벽이 완벽한 스케치북이었는지 제일 큰 벽에 낙서가 많았다. 벽에 있는 엄청난 낙서를 가리면서도 뭔가 조금 특별한 장식이 없을까 고민하다가 생각난 것이 바로 지도. 그리고 한 장의 큰 지도보다는 작은 지도를 여러 장 붙이는 게 더 재밌을 것 같았다. 일반 지도보다는 우리가 여행 가고 싶은 지역이나 여행 다녀왔던 곳의 가이드 지도, 또 꿈을 키울 수 있는 세계 전도 등이 좋을 것 같아 이런저런 지도를 모아봤다.

일단 인터넷 검색창을 통해 '지도45닷컴'이라는 사이트에서 앤티크 세계 지도와 유럽 지도, 아시아 지도를 구입. 적절히 배치하고, 나머지 빈 공간은 우리가 다녔던 여행지

목마 타고
유럽 가실 분
모이세요!

가이드 지도나 가고 싶은 곳의 가이드 지도 등을 붙였다. 자세히 보면 어느 집에나 다 있는 학습지 홍보용 지도도 있다.

벽의 낙서 때문에 골칫거리라 도배를 할까도 생각했지만 비용도 만만치 않고, 또 한 군데만 도배하면 나머지 벽이 더 이상해 보이기 쉬워 뭔가 새로운 방법이 필요했다. 그런 점에서 지도는 꽤 적절하고 저렴하며 아이디어가 반짝이는 방법이었던 것 같다(지도는 한 장 평균 1만5천원 정도). 나는 실크벽지라 시침핀으로 꽂았지만 양면테이프도 추천한다. 마치 지구 밖으로 행군하는 한비야 님의 방같이, 아이들 보라고 붙여 놓은 지도를 지금은 내가 더 열심히 들여다본다. 아무래도 나는 어디론가 멀리 여행을 떠나고 싶은가 보다.

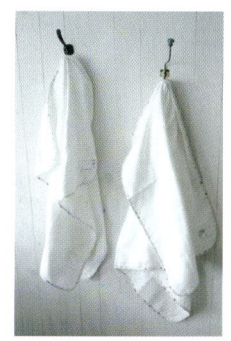

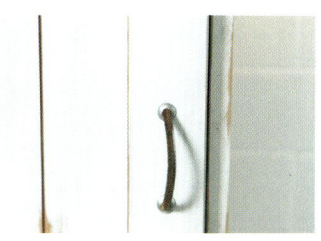

Tip 값싸고 효과적인 빈티지 손잡이와 훅 우리 집은 방마다 문의 손잡이가 각기 다르고, 가구의 손잡이도 다 제각각이다. 사소한 디테일을 중요하게 생각하는 성격 탓이다. 그래도 모두 비슷한 느낌으로 통일한 덕분에 소재와 모양은 다르지만 이질감이 전혀 없다. 빈티지 내추럴 인테리어의 포인트는 낡은 듯한 철물과 도자기 그리고 나무 재질의 손잡이가 아닐까? 작은 디테일이 큰 그림을 완성시켜주는 포인트나 마찬가지다. 그래서 부자재를 장만할 때는 을지로와 강남의 철물점들을 넘나들며 하나하나 발품 팔아 구입한다. 빈티지 숍부터 동네 철물점까지, 다양한 곳에서 괜찮은 걸 볼 때마다 사서 모으곤 한다. 특히 강남의 '철가동가'는 아주 다양한 철물과 주물 장식이 많아서 한번쯤 구경 가도 좋을 듯하다. 도자기 손잡이는 인터넷을 검색해서 구입했는데 특히 꽃무늬 손잡이는 너무 쨍한 느낌이 싫어서 일일이 사포로 문질러서 빈티지한 분위기를 냈다. 내가 생각해도 정성이 가륵하다. 다른 사람들은 몰라도, 나만 아는 소중한 디테일이다. 무언가를 걸어 둘 때 필요한 훅은 우리 집처럼 수납이 부족한 집에서는 꽤나 유용한 수납 도구가 된다. 특히 다용도실 나가는 문 뒤에 먼지떨이부터 재활용 쓰레기 봉투까지 예쁜 훅에 걸어놓고 나 혼자 좋아라 한다.

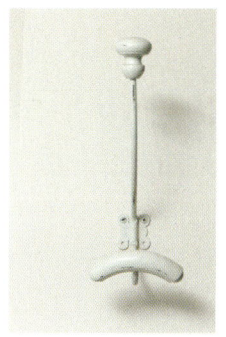

재료비는 5천원을 넘지 말 것!
알뜰살뜰 리폼 아이디어

뭐든 만들거나 고치는 걸 좋아하지만 여기에도 나름대로 철칙이 있다. 돈 들이지 않을 것! 핸드메이드란 대개 좀 어설픈 듯 보이는 게 매력이라서 너무 쌔끈하게 만들려고 애쓸 필요는 없다. 집 안을 잘 둘러보면 의외로 재활용할 물건들이 넘쳐난다는 걸 잊지 말자. 이걸 뜯어서 저걸 만들고 하는 식의 놀이 같은 리폼! 이 책에 소개하는 살림들의 핵심은 바로 이거다. 5천원쯤만 쓰자. 그러면 충분하다. 지금부터 시~작!

나무

내추럴 스타일이란 말 그대로 아주 자연스러워야 한다. 그 맛이 좋아서 내추럴 편애자가 되었는데 사실 다른 이유도 있다. 내추럴한 공간을 꾸미면 다른 스타일보다 돈이 조금 덜 드는 것 같다. 집을 공사하고 나서도 나만의 리모델링은 늘 진행형인데, 그럴 때마다 나뭇가지나 공사할 때 쓰고 남은 합판, 목재소에서 사온 패널 등은 정말 유용한 재료다. 여기저기서 주워 온 일명 '쓰레기'들도 잘만 활용하면 의외로 빛나는 아이템이 되니까. 나무 이야기부터 시작할까? 나무 소재의 매력을 살려서 빚어낸 소품들을 소개한다.

아이가 주워온 자연 소재로 만든 액자

나에게는 좀 이상한 버릇이 있다. 산이나 들, 공원이나 시골길 등 도시를 조금이라도 벗어나 자연으로 나가면 '뭐 좀 주워올 게 없나?' 하며 두리번거린다. 워낙 나무와 돌멩이를 좋아하고, 꽃도 열매도 사랑하니 늘 주워오고 싶은 게 지천에 깔렸다.

특히 아파트 나무들 가지치기를 할 때면 쓸 만한 나뭇가지가 없는지 눈에 불을 켜고 본다. 그래도 그런 버릇이 아주 쓸모없는 것은 아닌 것 같다. 가끔 예쁜 나뭇가지를 주워 이모저모 활용하는데 제법 운치 있는 장식품이 되곤 한다. 이런 나를 닮아서인지 우리 막내둥이도 밖에 나가면 곧잘 자기 보물이라며 무언가를 주워온다.

어느 날은 동네 약수터에서 하는 생태 수업에 참가해서 신기한 돌멩이며 나뭇가지들을 잔뜩 주워왔는데, 하나같이 특이하고 예뻐서 집에 있는 나무 액자에 조르르 붙여 주었다. 나름 돌멩이와 나뭇가지 옆에 고사리 손으로 이름도 적어 놓으니 제법 근사한 작품이 되었다.

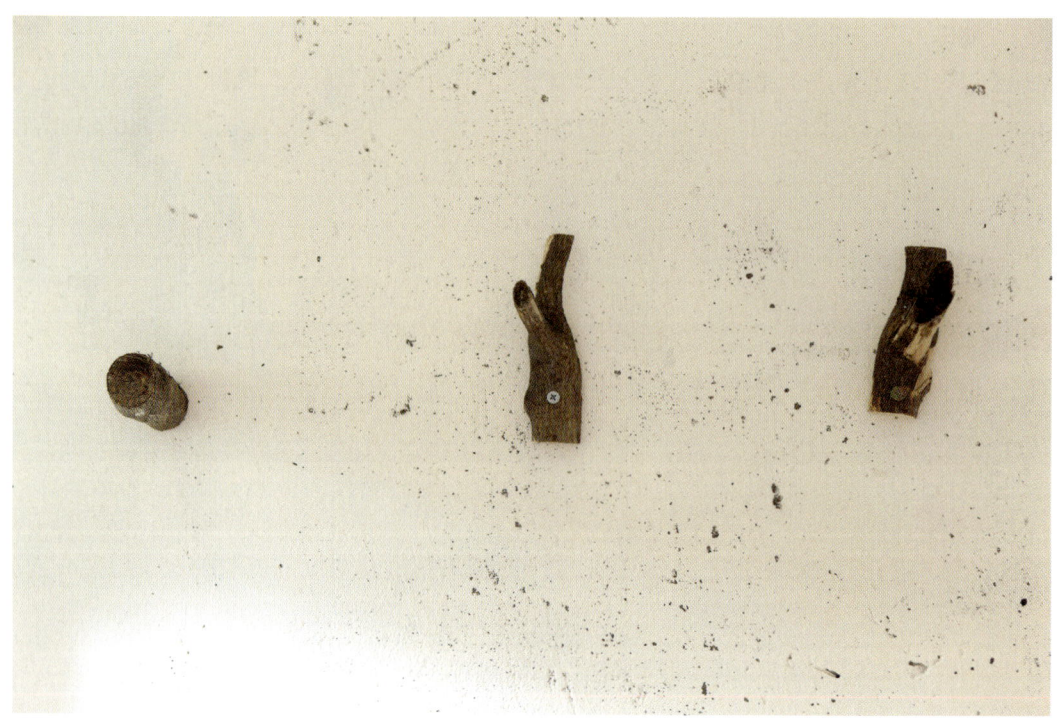

내추럴 나무 훅

빈 벽면을 장식할 수 있는 것이 액자뿐이라고 생각하지 말자. 꽉 채워야 멋이 난다는 생각도 버리는 게 좋다. 현관의 콘크리트 벽을 페인팅해서 내추럴 스타일로 만들었는데 약간 심심한 느낌이 들어서 늘 벼르고 있던 손님용 옷걸이를 만들어보았다. 예쁜 소품들을 얌전히 걸어 두기에도 제격일 것 같다. 나뭇가지는 우리 아파트 계단 옆 화단에 버려진 나뭇가지 중 걸이가 될 만한 작은 나뭇가지를 주워왔다. 나무를 세로로 자르고, 또 하나는 가로로 잘라서 다양하게 붙여보았다.

1 굵고 잘 마른 나뭇가지를 준비한다.
2 콘크리트 벽에는 칼블록을 먼저 박고 나무를 나사못으로 고정시킨다.
3 가로로 자른 나무는 드릴로 나사못보다 약간 크게 구멍을 내고 목공풀로 덮어씌워서 단단히 고정시킨다.

1 줄톱을 이용해 나뭇가지를 자른다(세탁소 옷걸이 길이 정도로 자르면 적당하다).
2 커터 칼로 옷걸이의 코팅 비닐을 벗긴다.
3 나무의 정중앙에 드릴로 옷걸이의 철사가 들어갈 만큼의 구멍을 낸다.
4 니퍼로 철사를 구부려 고리를 만들고 잘라 준다.
5 구멍에 고리를 통과시킨 뒤 니퍼로 철사 끝을 동그랗게 구부려 빠지지 않게 고정한다.

나뭇가지 옷걸이

막내 태영이가 생태 수업 갔다가 할머니 지팡이라며 기다란 나뭇가지를 주워왔다. 우리 애는 땅바닥만 보고 다니는가 싶다. 예쁘지 않느냐고 신이 나서 물었다. 자세히 보니 살짝 휜 모양새가 영락없는 옷걸이였다. 해묵은 감각의 옷걸이를 만들면 근사하겠다, 싶었다. 아이가 아끼는 것이라 그냥 주는 건 싫은 눈치여서 흥정을 했다. 결국 2천원 주고 사서 내추럴 스타일의 옷걸이를 만들었다.

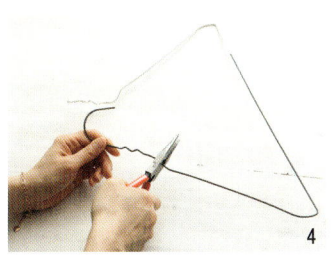

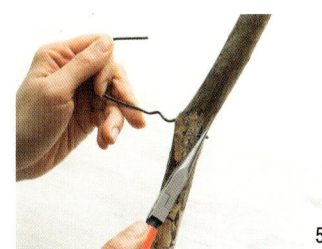

Tip 나뭇가지 구하기 나뭇가지를 못 구하겠다면? 강남 고속버스터미널 꽃시장의 인테리어 용품 파는 곳에 가면 나뭇가지나 나무토막 등 다양한 나무 관련 오브제를 만날 수 있다. 작은 나뭇가지는 한 개에 2천원 정도. 나무토막도 2천~3천원이면 살 수 있다. 이외에도 멋진 나무 오브제들이 많으니 굳이 산과 들로 다니며 고생하지 않아도 된다.

나무 쟁반 만들기

예전에 리모델링하고 남은 기다란 합판 조각이 있었는데 한참을 욕실에서 반신욕할 때 독서대처럼 쓰다가 나무 무늬가 예뻐서 쟁반으로 만들었다. 요즘은 나무를 원하는 사이즈로 재단해 주는 인터넷 사이트가 많아서 원목 나무를 구하기가 쉬워졌다. 나무 종류도 소나무, 자작나무, 물푸레나무, 편백(히노끼)나무 등 다양하다. 나무 합판은 얼마나 사포질을 잘하느냐가 관건. 사포질을 정성스럽게 할수록 고급 제품으로 완성된다. 사포질 후에 원하는 페인트를 칠하고 마무리하는데, 나는 자연스러운 왁스를 좋아한다. 사용할수록 색도 깊어지고 정도 같이 든다.

1 나무 합판을 원하는 모양으로 잘라 거친 부분과 모서리 부분은 사포질을 해서 마감해 둔다.
2 친환경 나무 왁스를 천 조각에 묻혀 꼼꼼히 발라준 뒤 잘 말려서 손잡이를 붙인다. 왁스는 '쉐르보네' 블랙 비슨 페이스트, 1만9천4백원.
3 매트나 종이 냅킨을 깔고 아이 간식 가져가기 좋은 나무 쟁반 완성.

누가 좀 도와줘요!

캔버스 틀로 만든 루나홈 간판

그림 그리는 캔버스 틀(일명 와구라고도 한다)로 만든 옛날 '루나홈' 쇼룸 간판이다. 간판도 그냥 맡기면 될 것을 나 혼자 꼼지락거려야 직성이 풀리는 성격이다. 이 틀은 가로로 길고 평범하지 않아서 더 맘에 들었다. 거기에 철판으로 만든 알파벳 이니셜을 달아줬더니 나만의 간판이 되었다. 쇼룸이 없는 지금은 우리 집 현관을 지키고 있지만, 훗날 숍이나 사무실을 낸다면 다시 달아놓을 거다.
캔버스 틀은 강남 고속버스터미널 한가람 문구, 영문 이니셜도 강남 고속버스터미널 경부선 3층 312호 리틀하우스에서 구입했다.

1 노루발을 부착할 나무 졸대를 벽과 같은 컬러로 칠해 놓고, 마르면 상중하에 드릴로 구멍을 뚫는다.
2 벽에 찬넬처럼 나무 졸대를 단단히 박은 뒤, 고정이 잘된 나무 졸대 위에 나사못으로 노루발을 고정시킨다.
3 노루발의 고정 작업이 끝나면 선반이 되는 나무 판재를 살짝 사포로 정리한 뒤 흰색 수성 페인트를 바른다. 건조되면 사포로 다시 한 번 정리하고, 가구 오일이나 왁스, 바니시 등을 발라 마무리하면 끝. 칠이 완전히 마르면 노루발 위에 올려놓고 아끼는 물건들을 얹어서 마음껏 장식한다. 나는 그릇을 장식품처럼 얹었다.

부엌에 프로방스풍 선반 달기

내가 애지중지하는 민트 색 그릇장이 있는데 늘 그 위에 선반을 달고 싶었다. 하나둘 모아둔 그릇들을 조르르 올려놓고 싶은데, 늘 머릿속으로 어떤 선반을 달까 고민 고민하다가 매번 좌절한 큰 이유가 콘크리트 벽이라 드릴 작업을 하기가 쉽지 않아서였다.

그러던 어느 날 또 갑자기 내린 DIY 신!!! 선반 종류를 오랫동안 고민한 끝에 어떤 방식의 선반을 붙일 것인가 선택해야 했다. 요즘 인터넷으로 선반을 검색하면 찬넬 선반이 많이 뜬다. 선반 이동이 자유로워서 무척 매력적이지만 우리 집 분위기와는 맞지 않아서 고민하다가 찬넬 기둥에 나무 선반을 얹으면 좋을 것 같았다. 찬넬식 나무 선반. 그래 이거야!! 인터넷으로 해머 드릴을 주문하고, 집에 모아둔 나무 조각을 뒤져보고, 오래전 사둔 선반 지지대(노루발)도 꺼내서 한바탕 일을 벌였다. 준비물은 선반용 판재 2장, 선반 지지대 2쌍, 해머 드릴, 나사못, 칼블록, 흰색 페인트, 사포면 충분.

수납장에 선반 더하기

거창한 살림이나 그릇이 많은 것도 아닌데 늘 수납공간이 부족하다. 할 수 없다. 드릴과 나무판으로 묘기 좀 부려보자. 붙박이장마다 간단한 중간 선반을 설치해 내 정체성의 증거(?) 자투리 원단도 차곡차곡 넣어주고, 그릇장에도 살짝 드라이버로 나사못을 박고 선반을 달아 그릇들을 종류별로 차곡차곡 정리한다.

의외로 수납장 높이가 애매해서 쫀쫀하게 수납이 안 되는 경우, 옷도 많이 들어가지 않으면서 데드 스페이스가 많이 남는 붙박이 옷장에는 선반을 달아 활용하면 편리하다. 선반은 대체로 분리가 가능하고 용도에 따라 붙였다 떼었다 할 수 있어 편리하다.

나무판은 인터넷 검색을 하면 원하는 사이즈로 재단까지 해서 택배로 보내주는 곳도 많고, 목공소에서 나무를 구입하면서 돈을 지불하고 재단을 부탁해도 된다. 나는 두 방법 모두 쓰는데 집에서 가까운 친절한 목공소 하나 섭외해 두면 여러모로 편리하다. 특히 나처럼 성질 급한 사람은 택배를 기다리지 않아도 되니 더 좋다. 선반으로 사용할 나무는 비싼 수종이 아니라 좀 저렴한 것으로 해도 된다. 두께는 수납 용품의 하중을 견뎌야 하니 최소 15mm는 되어야 한다.

작은 나무 상자 리폼

내 침대 옆에 핸드폰도 놓고, 머리끈도 벗어 놓을 수 있는 작은 수납 공간이 필요했다. 방이 크지 않으니 그거 올려놓자고 가구를 또 들이기도 뭐하고. 내 옆자리는 나의 사랑 안마기 넣은 바구니가 늘 떡하니 버티고 있기 때문에 어찌 할 수도 없어서 진짜 고민 많이 했다. 그러던 중 나무 상자를 하나 발견하고선 페인트를 쓱쓱 칠해서 바로 선반으로 만들어버렸다.

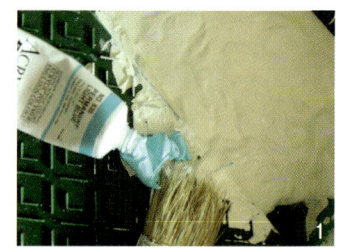

1 하늘색으로 칠하고 싶었는데 페인트는 흰색뿐이라 집에 있던 하늘색 아크릴 물감을 살짝 섞어 베이비 블루로 조색했다.
2 페인팅을 두세 번 반복하며 원하는 컬러를 낸다.
3 완전히 마르면 사포로 거친 면도 다듬어주고, 모서리 부분은 좀 더 갈아내서 빈티지한 분위기를 낸다.
4 먼저 상자의 바닥에 나사못이 들어갈 구멍을 두 개 내주고, 상자의 구멍과 똑같은 너비의 구멍을 벽에 뚫고 나사못을 박아 상자를 벽에 고정시킨다.

침대에도 위아래가 있어!

딸아이가 셋이나 되다 보니 침대도 여러 개가 필요하다. 방도 많고 경제적으로도 여유가 있어 침대 하나씩 사서 척척 넣어주면 얼마나 좋으랴만 그게 그리 쉬운 일이 아니다. 그래도 아늑한 침실은 꾸며야겠고, 2층 침대는 왠지 위험해 보여서 싫고. 그래서 또 잔머리 굴려가며 나무에 바퀴 달아 슬라이딩 침대를 만들었다. 침대에도 위아래가 있으니 위칸 침대는 언니용, 아래칸 슬라이딩 매트리스는 동생용이다. 언니가 간혹 수련회에 가거나 친구 집에서 파자마 파티라도 하면, 동생에게 위칸에서 잘 수 있는 기회가 주어지기도 한다. 그러면 동생은 감지덕지하며 그날 하루 위칸 침대에서 자는 거다! 이런 게 나중에 크면 다 추억이 되겠지.

Tip 슬라이딩 침대의 비밀 일단 침대는 아래 공간이 넉넉한 철제 침대로 장만했고, 아래 칸에 매트리스를 넣었다 뺐다 할 수 있도록 조금 작은 매트리스를 구입했다. 아래칸은 매트만 올라가도록 가구 공방에서 매트보다 살짝 작게 갈빗살 형태로 나무 밑판을 짰다. 이 방법이 복잡하면 그냥 매트리스 사이즈보다 조금 작게 나무 판재를 재단해도 되는데 전문가 말씀이 여름엔 습해서 나무가 살짝 휠 수도 있다고 한다. 나는 그 나무 밑판에 따로 인터넷에서 구입한 공업용 바퀴를 붙여서 완성했다. 바퀴는 하중을 견딜 수 있는 고무바퀴로 구입했는데 마음대로 미끄러지면 안 되기 때문에 바퀴 중 2개는 잠금 장치를 걸 수 있는 것으로 골라서 완전 고정시킬 수도, 반만 고정시킬 수도 있게 해 놓았다.

before

어라 괜찮네! 일석이조 테이블 상판

나도 어릴 적에 그랬다. 나무 책상에 낙서하는 게 그렇게 재밌었다. 왠걸? 아이들이 그런 나를 빼닮았는지 거실 테이블은 아이들 낙서 천지였다. 나무 질감이 좋아서 유리도 깔지 않고 쓰는 거실 테이블이었는데 매일 풀칠에 낙서 투성이였다. 몇 달에 한 번씩 페인트칠을 하고 또 했었다. 두꺼워지는 페인트만큼 아이들도 커갔지만 여전히 멈추지 않는 낙서.

결국 동네 목공소에 가서 18T 레드파인 나무판을 거실 테이블보다 좀 더 크게 재단해 왔다. 사포로 모서리와 거친 면을 문질러 마무리하고 상판에 올린 뒤 상판을 고정시키기 위해 꺾쇠를 붙이려 했다. 그런데 의외로 본래 상판보다 약간 길고 살짝 넓은 나무판이 평평한 본 상판에 착 밀착되어 굳이 고정시키지 않아도 잘 움직이지 않는 거다.

그래서 고정하지 않은 채 한쪽 면은 흰색 페인트를 칠하고, 또 한쪽 면은 내추럴하게 나무색을 그대로 남겨둔 채 마감해서 사용하고 있다. 매일 사용하는 화이트 면은 우리 가족용, 상대적으로 깨끗한 내추럴 면은 손님용으로 쓴다. 이를테면 아이들이 숙제하고 공부할 때는 흰색 면을 사용하다가 갑자기 손님이 오신다 하면 휙 뒤집어서 내추럴한 면에서 차도 마시고, 밥도 먹는 그런 식이다.

after

Tip 페인팅의 세부 기술 그다지 넓지 않은 면을 페인트칠할 때는 꼭 도구를 갖출 필요는 없다. 특히 빈티지한 페인팅을 할 때는 붓이나 스펀지보다 먼지 없는 헝겊으로 칠하는 것이 훨씬 낫다. 페인트를 덜어서 헝겊에 적당히 묻힌 뒤 나무에 문지르듯이 발라주면 나뭇결도 살아나고 잘 발라진다. 그렇게 칠하고 마르기를 두세 번 정도 반복하면 붓이나 롤러 등으로 바른 것보다 훨씬 내추럴한 분위기가 난다.
페인트 뒤 마감은 친환경 가구용 오일 마감재를 사용해서, 역시 헝겊으로 꼼꼼히 두 번 정도 발라준다. 그러면 나무가 적당히 윤이 나면서 나무의 질감을 충분히 살릴 수 있다.

자투리 고재에 그린 그림

실은 이 그림은 내가 그린 게 아니다. 오래전 중국 고가구 상점을 구경 갔는데 가구점 점원이 딸 셋이 예쁘다며 우리 가족을 위해 그려준 소중한 그림이다. 거창한 재료도 아니고 아이들 쓰는 크레파스로 쓱쓱 그린 건데 볼 때마다 기분이 좋아져서 현관에 두고 늘 보곤 한다. 동네 목공소 등에서 자투리 나무를 좀 얻어서 아이들에게 그림을 그려보라 하고 이렇게 전시해도 유명 작가 부럽지 않은 의미 있는 작품이 되지 않을까?

초간단 신발장

사람이 다섯, 신발은 더욱더 많고. 우리나라는 왜 이리 계절의 변화가 잦은지 봄이면 봄 신발, 여름엔 샌들, 겨울엔 털 부츠, 운동할 때는 운동화, 산에 갈 때는 또 등산화를 신어야 한다.

집 안에 넘치는 신발이 이젠 한계를 초과해 신발장에 신발을 겹쳐 넣어도 해결되지 않았다. 마트에 가서 간단한 플라스틱 신발 수납장을 사도 되는데 뭘 망설이느냐고? 오~ 노~ 난 내추럴주의자.

웬만해선 플라스틱 수납장 같은 건 허락하지 못한다. 집 근처 벽돌 판매점이 있어 벽돌을 80장 구입하고 (벽돌 한 장에 50원), 목공소에 가서 우리 집 현관 사이즈에 맞는 저렴한 나무 판재를 구입해서 4장으로 재단해 왔다(우리 집은 좀 한적한 곳에 있어서인지 주변에 목공소랑 벽돌 파는 곳도 있다).

맨 아래 칸 벽돌은 차곡차곡 6단으로 좀 높이 쌓고 부츠나 장화를, 선반 제일 윗단에는 목이 있는 신발을, 벽돌을 4단으로 쌓은 중간 선반에는 좀 낮은 신발을 수납한다. 벽돌 높이에 따라 높낮이가 조절되니 은근 편리하다. 벽돌은 훗날 마당 있는 집을 갖게 된다면 화단으로 충분히 재활용할 수 있고, 나무 선반도 필요가 없어지더라도 잘 보관해 두면 언젠가는 또 쓸모가 생기기 마련이다. 때문에 비용이 그리 저렴하지 않아도 나만의 방법으로 미래까지 내다보며 요롷게 만든 거다.

장식 벽걸이

'루나홈' 쇼룸에 노스탤직한 분위기를 내고 싶어서 만들었던 벽걸이. 내가 좋아하는 오브제를 걸어놓으면 나 혼자 보고 좋아하는 그런 공간이 된다. 스테인을 칠한 나무판에 주물로 된 훅을 드라이버로 고정시키면 드릴 없이도 금방 완성할 수 있다. 벽걸이는 옷이나 가방을 걸어도 좋지만 좁은 공간에 콘솔이나 선반 못지않게 집 안 분위기를 살려주는 역할을 해준다. 예쁜 꽃이나 리스, 주머니 등을 걸어두는게 나만의 장식 노하우다.

before

after

작은 서랍장 리폼

결혼할 때 '모던하우스'에서 5만원 정도 주고 구입한 서랍장. 은근히 수납도 잘 되고 쓸모가 많아서 미국에까지 싣고 갔다가, 귀국할 때 다시 또 싣고 와서 아직도 잘 쓰고 있다. 원래는 파랑색이었던 걸 노랑으로 페인트칠했는데, 또다시 흰색으로 페인팅을 했다. 무슨 변덕이 그렇게 죽 끓었는지. 이후엔 앞에 보이는 서랍만 일본 여행에서 가져온 예쁜 포장지를 붙여서 리폼했다. 요즘 교보문고 핫트랙스에 가면 예쁜 포장지들을 많이 판매하니 이렇게 활용해도 좋고, 아이들이 치던 피아노 악보를 붙여도 좋을 것 같다.

소소한 소품들

산에서, 바닷가에서, 그리고 추억 속에서 건질 수 있는 돌과 조개껍질들. 자연 속에서 추억 줍길 좋아하는 내가 사랑하는 소재들이다. 그냥 빈 공간에 두기만 해도 멋스러워서 어느 순간 짐스럽게 느껴지기도 하지만 끝내 포기하지 못하는 소재이기도 하다. 이외에도 아주 간단한 소품들로 공간을 단장하는 아이디어 몇 가지 소개할 참이다.

아빠와의 추억이 담긴 돌

이 글에선 친정아버지를 그냥 아빠라 부르고 싶다. 우리 아빠는 참 가정적인 분이셨다. 일요일이면 우리 삼남매 모두를 산에 데려가서 직접 밥을 해 먹이시고(그 시절엔 산에서도 취사가 가능했다), 계곡에서 납작하고 어른 손바닥만 한 돌을 주워서 그 돌에 기름 쪽 빠진 돌판구이 삼겹살을 구워주셨다. 산에 못 갈 땐 베란다에 돗자리를 깔고, 휴대용 버너를 펼쳐서 집에 있는 납작 돌멩이에 돼지기름 슬슬 발라 고기를 구워주시기도 했다.

산에서 코펠에 밥을 하면 설익는다고 꼭 코펠 뚜껑에 돌을 얹어 압력밥솥이 됐다며 좋아하시던 모습. 또 재밌는 돌을 수집하는 취미가 있으셔서 여름에 강가로 놀러가면 아빠와 같이 돌을 줍느라 몇 시간이고 고개를 숙인 채 목덜미가 시커멓게 타도록 돌아다녔다.

간혹 특이한 돌을 주우면 펭귄, 이티, 거북이 같은 이름을 붙여주고, 받침대도 만들어 장식하셨다. 멋진 수석은 돈을 주고 살 수도 있지만 아빠는 취미 삼아 여기저기 다니시면서 그렇게 돌을 주우셨다. 그래서 어릴 적 우리 집엔 돌이 무지 많았다.

베란다 한구석이 아직 이름을 부여 받지 못한 돌들로 가득 찰 만큼…. 그런데 나 시집 간 직후 이런저런 일들로 집도 줄여야 하고, 이삿짐도 줄여야 하는 일이 생겨서 아빠의 보물들은 제일 귀중한 걸로만 조금 추려지고 나머지는 버려졌다. 아빠의 취미도 사라졌고. 그렇게 다 잊고 있었는데 이번 책을 만들면서 돌을 이용한 아이디어를 생각하다가 불현듯 아빠의 돌들이 생각났다.

6년간 암으로 투병하시다 재작년 여름에 돌아가신 아빠가 모아두셨던 돌. 우린 소울이 통하는 부녀지간이라 투병하시는 내내 데이트하듯 함께 병원에 다녔다.
'정말 아빠의 돌처럼 예쁜 게 없는데 아빠 돌을 가져와야겠다.'

친정에 한달음에 달려가 보니 아빠의 돌들이 그대로 그 자리에 있었다. 구멍이 송송 난 돌, 아주아주 까만 돌, 동그랗고 예쁜 돌, 넓적한 짱돌… 아빠가 마치 나 가져다 쓰라고 두신 것처럼.

동글동글한 돌 두어 개를 가져와서 현관문에 괴어 놓고 들락거릴 때마다 아빠를 생각한다.

욕실 세면대 위에 올려둔 돌. 바닷가의 돌은 가져오면 안 된다는데 나모 모르게 세 개를 주워왔다. 미안한데 예쁘다.

현관문에 괴어 둔 아빠의 돌. 그냥 두긴 또 심심해서 아크릴 물감으로 돌의 반만 칠하고 뜻 모를 불어도 써놓고 멋을 내보았다. 계절이 바뀌면 박박 닦아서 다른 색으로 칠해볼까 싶다.

타일 냄비 받침

카페나 맛집을 다니다 보면 기막힌 아이디어를 참 많이 발견한다. 집에 와서 그 아이디어를 빨리 따라해 봐야 직성이 풀린다. 얼마 전 계동 맛집 '팬스테이크'라는 식당에 갔더니 고기 맛도 좋았지만 더 인상적이었던 건 무쇠팬 받침이 전부 타일이었던 것. 우리 집에도 이런 타일 진짜 많은데!! 리모델링할 때 구입했던 타일이 맘에 안 들어 한구석에 처박아 두었던 걸 꺼내보니 '팬스테이크' 타일이랑 거의 흡사했다. 뒷면에 펠트 스티커 붙여서 바로 완성!

레이스 입은 타일

우리 집에는 리모델링의 잔재가 아직도 많이 남아 있다. 특히 욕실 벽면 타일로 사용했던 기다란 타일도 혹시 수리할 일이 생길까 싶어서 여러 장 그냥 두었다. 어느 날 괜히 또 필 받아서 그 위에 레이스 놓고 스프레이 페인트 뿌려보니 아스라하니 예쁘다. 소꿉장난하듯 차 받침으로도 써보고, 여러 장 겹쳐 올려서 티포트 워머로 써도 되겠다. 물론 펠트 스티커 붙여서 르쿠르제 같은 냄비 받침으로 써도 되고. 그냥 이런 게 큰돈 들이지 않고 마련하는 살림의 즐거움이다.

1 타일과 레이스, 스프레이 페인트를 준비한다.
2 원하는 부위에 레이스를 올리고 스프레이한다. 여러 장 만들어 두면 다용도로 활용하기 그만.

폼폼 장식 자석

아이들이 학교에 들어가면 수도 없이 많은 안내문이 집으로 전달된다. 첫아이 때는 냉장고 문에 붙여두었는데 아이가 셋이다 보니 냉장고도 3대나 필요할 지경. 그래서 아이들 책상 앞에 화이트 보드 하나씩 놔주고 알림장도 각자 붙이고 사진이나 그림, 편지로 장식도 할 수 있게 해주었다.
네오디움 자석은 종이를 여러 장 붙여도 흘러내리지 않아 좋다. 자석 위에 컬러풀한 폼폼 장식을 글루건으로 붙여두었더니 아이들도 좋아한다.

시침핀 걸이
인테리어에 관심 있는 사람들이라면 모두 다 아는 팁이겠지만, 실크 벽지라면 벽지에 시침핀을 꽂아두면 너무 무겁지 않은 물건도 간단히 걸어둘 수 있다. 난 시계나 접시에도 리본 끈을 달아 벽에 걸어둔다.

네오디움 자석
우연히 네오디움 자석을 알게 되면서 그 매력에 푹 빠져버렸는데…. 작아도 매우 강력한 자력 때문에 일반 까만 자석보다 쓸모가 꽤 많다. 부엌에선 후드나 냉장고에 레시피를 붙여놓기도 하고, 아이들 방엔 문방구에서 산 폼폼 장식을 붙여서 메모 자석으로도 쓴다. 자석을 이용해서 브로치를 만들기도 하고, 내 재봉틀에 붙여놓고 핀 꽂이로도 쓴다. 그리고 우리 집 말썽꾸러기 강아지 코아가 자꾸 쓰레기통을 뒤지는 바람에 정수기 옆에 비닐봉지를 높이 붙여놓고 쓰레기 봉투로 쓰고자 할 때도 활용한다. 그런데 이제는 이 녀석이 높은 곳까지 점프해서 뒤지고 있으니 쯧쯧.
검색창에 네오디움 자석을 치면 나오는데, 나는 시온 자석에서 구입해서 쓴다. 사이즈마다 가격이 다르지만 두루두루 쓰기엔 12×3mm, 15×2mm 사이즈가 편하다.

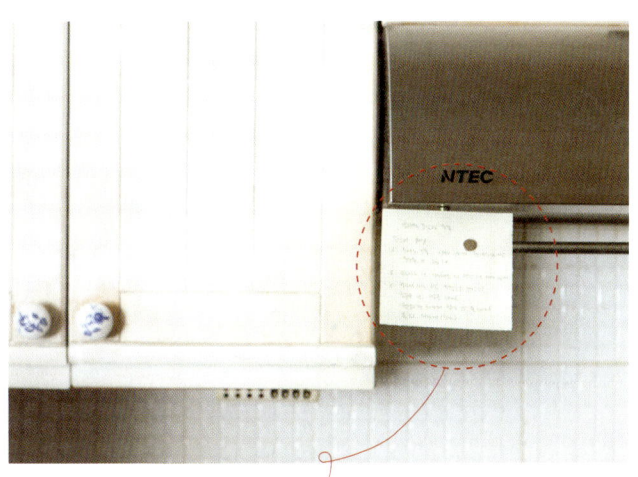

Tip 네오디움 자석은? 12×3mm 개당 3백원, 15×2mm 개당 3백20원. 아이들 방의 메모 자석으로 사용하려면 지름이 더 작은 6×2mm도 충분하다. 네오디움 자석은 자력이 너무 강해 어린아이들은 자칫하면 손을 다치거나 크기가 작은 것들은 삼킬 수도 있으니 조심해야 한다.

못 머리 장식

우리 집에는 액자가 참 많다. 아이들도 많지만 내가 액자에 사진을 장식하는 걸 좋아하기 때문이다. 나라는 사람은 추억을 먹고 사는 모양이다. 액자는 예쁜데 못 머리가 보이면 영 별로라서 못 머리에 예쁜 단추 사다가 글루건으로 살짝 붙여줬다. 화려한 비즈 장식 단추는 동대문 종합시장 2층 D동 2575호에서 구입. 개당 2천~3천원.

꽃

나는 꽃을 참 좋아한다. 하기는 꽃 싫어하는 여자가 어디 있으려고. 오늘은 작정하고 꽃시장에 다녀왔다. 누군가에게 선물할 일이 생겨서다. 그런데 이럴 때 나는 주로 드라이플라워를 산다. 왜냐하면 꽃다발을 받으면 다시 꽃꽂이를 해야 하는데 그게 보통 성가신 일이 아니어서 그렇다. 게다가 며칠 못 보고 시들어 버리면 아까우니까 아예 마른 꽃을 선물할 때가 많다. 사람들이 좋은 방법이라고 칭찬을 많이 해주었다.

"꽃을 꼭 사야 할 필요는 없다. 시골길을 달리다가 길가에 쓰러져 있는

코스모스 군락을 보고 차를 세웠다. 쓰러져 있는 코스모스를 모았더니 예쁜 꽃다발이 되었다."

풍성한 수국 꽃다발

내가 좋아하는 꽃은 탐스러운 수국, 그리고 향기가 끝내주는 히야신스. 특히 나는 꽃다발이 급히 필요할 때 수국 화분을 이용한다. 맘에 드는 꽃다발은 찾기도 힘들고, 있다고 해도 너무 비싸서 종종 쓰는 방법이 수국 화분으로 꽃다발을 만드는 것이다. 거창하게 장식은 못 하고 들꽃 다발처럼 내추럴하게 레이스로만 묶어도 화려하진 않지만 가을 소녀 같은 느낌은 줄 수 있을 것 같다. 꽃은 웬만하면 다 예쁘니까.

물주머니 품은 튤립 꽃다발

늘 꽃을 배우고 싶다고 생각하는데 여유가 없다. 꽃꽂이에 자신이 없어도 예쁜 꽃다발을 만들 수 있는 방법은 풍성한 꽃 한 가지만 사용하는 것. 수국이나 히야신스, 튤립 등은 물을 아주 많이 먹는 꽃이라 꽃다발을 만들 땐 반드시 물 주머니나 물 캡을 사용해야 한다.

1 사방 15cm 사이즈의 비닐 포장지를 준비한다.
2 꽃줄기를 자를 때는 물속에 넣고 자르는 게 좋다. 꽃다발을 묶어 끝을 마무리한 뒤 투명 비닐로 꽃을 포장한다.
3 비닐 포장지에 물을 약간 담고 꽃다발 끝에 꼭 묶는다. 꽃다발은 세워서 보관.

천

나는 손바닥보다 작은 원단도 잘 버리지 않고 모아둔다. 퀼트 하는 사람처럼 패치워크를 해서 작품을 만들진 않지만 '루나홈' 하면 생각나는 꽃 라벨을 만들기 때문이다. 내가 만든 패브릭 제품들에는 대부분 작은 꽃 라벨을 단다. 그 작은 게 한구석에 들어가면 패브릭에 또 다른 생명력을 주는 것 같아 뿌듯함이 밀려든다. 라벨도 디자인의 일부라는 생각에 나름 고민해서 각기 다른 꽃 라벨을 붙인다. 일일이 원단을 잘라 길게 재봉하고, 잘라서 접는 수고가 따르지만 예뻐서 포기를 못한다. 그리고 어디든 꽃 라벨을 붙이면 아날로그 감성이 물씬 풍겨서 더욱더 정성스러워 보인다고 할까?

꽃무늬 노트 라벨

나는 언제나 일을 시작할 때는 계획부터 세우고 본다. 그래서 노트도 여러 개나 된다. 보통 심플한 무지 노트를 구입하는데, 이걸 가만히 두고 쓰는 법 없이 꼭 내 노트라는 티를 낸다. 쓰고 남은 조각 천이나 원단 샘플 중 예쁜 것들을 골라 심플한 노트에 딱풀이나 목공 풀로 붙이면 나만의 감성 노트가 된다.

어린이집에 보내는 아이를 위한 소지품 네임 태그

아이를 어린이집에 보내면 소지품마다 이름을 써야 하는 일이 많다. 어린이집에서 낮잠 잘 때 덮는 이불이랑 옷가지며 개인 물건엔 모두 이름을 써야 한다. 하나하나 수를 놓기엔 정성도 부족하고, 시간도 없고 해서 생각해 낸 방법이 귀여운 조각 천에 네임 펜으로 이름을 쓱쓱 쓴 다음 잘라서 재봉틀로 박아주는 것. 실제 아이 물건에 직접 네임 펜으로 이름을 쓰면 찾기가 어려운 반면, 부드럽고 밝은 천 조각에 이름을 진하게 써서 네임 태그로 붙이면 훨씬 알아보기 쉽다.

작은 종이상자 리폼

요즘은 너무나 예쁜 종이상자들이 참 많다. 그런데 예쁘긴 해도 분위기가 다 제각각이라 때로는 산만한 느낌을 주기도 한다. 이럴 때 겉포장만 내가 좋아하는 패브릭으로 리폼하면 통일감이 있으면서도 예쁜 수납상자를 만들 수 있다. 패브릭은 목공 풀을 얇게 펴 발라서 붙이면 되는데, 최소 6시간은 지나야 완전히 마르게 되므로 붙인 뒤 한동안 잊고 있어야 한다.

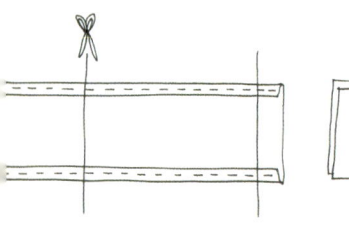 

수건의 꽃무늬 라벨

작은 디테일이 큰 차이를 만든다! 흰 수건이나 행주에 달려 있는 라벨 자리에 꽃무늬 조각을 넣으면 뭔가 더 있어 보인다고 할까? 게다가 라벨을 붙인 수건이나 행주는 선물을 해도 생필품이라 다 쓰기 전에는 버리지 않으니 실용적이고, 주는 사람도 부담 없고, 받는 사람도 실속 있는 아이템이다. 원단을 4~5cm로 식서 방향으로 길게 잘라 양쪽을 살짝 접어가며 박음질해서 적당히 잘라 반으로 접은 뒤 다려주기만 하면 라벨이 완성된다.

미니 다리미 커버

예쁜 원단이 조금 남아서 작은 다리미대의 커버를 만들어 씌웠다. 원단에 다리미대를 거꾸로 놓고 본체를 그린 다음, 가장자리에 2cm 정도 시접을 두고 재단한다. 마지막으로 가장자리를 따라 고무줄을 둘러주면 예쁜 커버가 뚝딱 완성.

로맨틱 패브릭 옷걸이

몇 년 전 일본 인테리어 책을 보다 너무 예뻐서 따라한 패브릭 옷걸이. 여러 개 만들어서 아직도 잘 쓰는데 요게 또 물건인 게 패브릭으로 감싸여 있어 옷이 흘러내리지 않는다는 점이다. 끈만 달린 옷들도 잘 흘러내리지 않고, 결정적으로 여기에 옷을 걸면 옷이 더 예뻐 보인다는 거다. 옷장 속도 예쁘게 꾸미고 싶은 여자 마음이 담긴 옷걸이다.

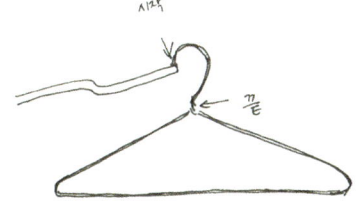

1 원단을 가위로 자르지 말고 1~1.5cm 간격으로 가위집을 내 길게 쭉쭉 찢어놓는다.
2 맨 처음은 옷걸이의 고리 부분부터 시작하는데 글루건이나 양면테이프로 시작 부분을 접착한 후 원단을 비스듬하게 돌려서 감는다.
3 중간에 원단을 다 사용하게 되면 새 원단 조각을 연결 부위에 글루건으로 붙인 뒤 계속 끝까지 감아준다.

Tip 패브릭 옷걸이 만들기 패브릭 옷걸이를 여러 개 만들고 보니 몇 가지 요령을 터득하게 되었다. 무엇보다 잔잔한 꽃무늬 원단이 좋다. 꽃이 크면 오히려 얼룩덜룩해 보이고 별로 예쁘지 않으니 자잘한 꽃이 들어간 원단을 선택한다.

테이크아웃 컵 캐리어

태국 여행을 갔을 때 재밌게 본 것이 음료수 캐리어다. 캐리어가 간단한 비닐 끈으로 되어서 모두들 여기에 음료수 컵을 끼워넣고 달랑거리며 들고 다녔다. 나도 비슷하게 따라해 봤다. 자투리 천을 4~5cm 너비로 길게 잘라서 가운데 컵이 들어갈 만큼 구멍을 낸 뒤 그 구멍에 테이크아웃 컵을 쏙 넣으면 패브릭 음료 캐리어 완성~. 테이크아웃 컵도 잘 씻어두었다가 이렇게 재활용하면 꿩 먹고 알 먹기다.

욕실용 발 매트

너무 많이 써서 거칠어진 수건은 발 매트로 만들면 재활용도 되고 예뻐서 보기도 좋다. 우리 집은 슬리퍼를 신지 않는 건식 화장실이라 발수건을 많이 쓰는 편이다. 일반 욕실용 러그나 고무가 붙은 매트는 자주 세탁하기도 어렵고, 잘 마르지도 않아서 내가 만든 발 매트를 사용한다. 수건으로 만든 발 매트는 욕실을 오가며 발도 닦지만 욕실 청소 후 튀긴 바닥에 물기도 바로바로 닦을 수 있어 좋다.

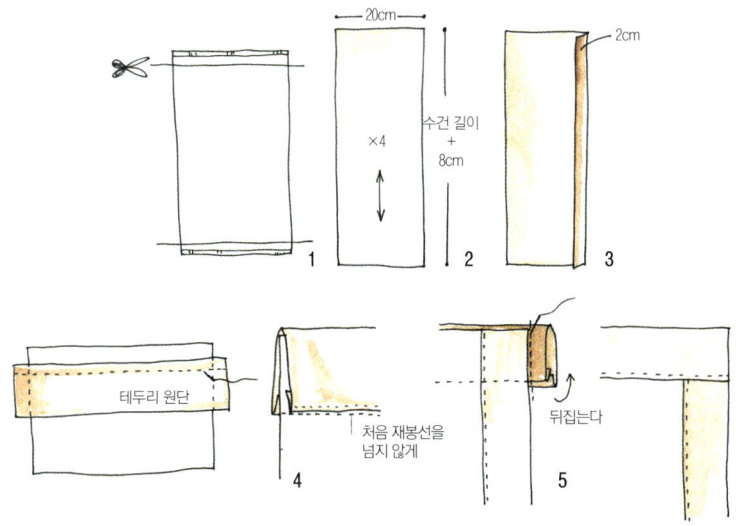

1 세면 타월 끝의 마무리 부분을 잘라 놓는다.

2 테두리 원단을 너비 20cm로 식서 방향으로 수건 길이보다 8cm 더 길게 4장 재단한다.

3 그 원단 중 한 면을 2cm로 접어 다리미로 눌러 재봉선을 표시해 둔다.

4 2cm 접은 부분을 수건 테두리에서 7cm 표시해 둔 부분에 먼저 박음질한 뒤 한 번 감싸서 앞의 박음질한 선을 넘어가지 않게 원단을 잘 접어 올려 마무리 박음질을 해준다.

5 나머지 두 면도 7cm 부분에 2cm 접은 부분을 놓고 박음질하고, 그림처럼 양옆을 박음질해 뒤집어서 마무리한다.

자수가 놓인 매트는 참 쓸모가 많다. 여자의 살림살이들을 빛내 주는 멋진 파트너!

가끔씩 꺼내서 빨고 다리미질해 두는 빈티지 손수건들.

자른 부분에 레이스 끈을 달아 전등 위에 올리고 묶기만 하면 된다.

패브릭 냅킨으로 만든 조명 갓
자수가 예쁘게 놓인 화이트 패브릭 냅킨을 삼각형으로 잘라내고 끈을 달아서 초간단 패브릭 조명 갓으로 만들었다. 빈티지 숍에서 고르고 골라 득템해 아끼고 있던 것인데, 우리나라에서는 패브릭 냅킨을 별로 쓸 일이 없어서 서랍 속에서 잠자고 있었다. 이렇게 꺼내서 리폼하니 예쁘기도 하고 마음도 뿌듯하다.

가장자리에 리본 끈만 달면 손 닦고 그릇 닦는 키친 클로스로.

사방 마무리만 해서 테이블 매트로.

작은 창문에 걸어두면 미니 가리개가 된다.

반 마 원단으로!
반 마도 안 되는 걸로 무엇을 만들까 싶지만 의외로 다양한 아이템들을 만들 수 있다. 특히 체크 리넨 커트지는 1/4마만 있어도 앞치마, 밸런스 커튼, 키친 클로스 등 두루두루 활용 가능하다. 재봉틀로는 간단히 접어 박기만 하면 되고, 손바느질로도 얼마든지 만들 수 있다.

도시락도 싸고 선물도 싸는 보자기 용도로도 좋다.

체크 리넨 원단 4분의 1마와 긴 면 끈만 있으면 선물용으로도 좋은 스시 앞치마 하나 뚝딱!

다재다능 키친 클로스

내추럴한 체크무늬의 리넨이나 거즈, 면 원단은 부엌에 생기를 불어넣어 주는 소재다. 부엌에 걸어두면 주부로서 살림에 꽤 신경 쓰는 듯한 분위기까지 연출해 주니 일석이조. 그래서 부엌데기를 자처하는 나도 키친 클로스에 열광해서 닥치는 대로 만들기도 했다. 물론 구입하는 경우도 있지만 원단 1마만 가져도 소품 4장을 만들 수 있으니 나 한 장 갖고, 친구 한 장 주고, 이웃에게도 한 장 선물할 수 있으니 남는 장사다. 끝 부분을 1cm씩만 접어 박으면 되는 키친 클로스는 단순한 바느질 기술만 있으면 누구나 완성할 수 있다. 모서리 부분만 신경 써서 마무리하고 나만의 라벨이나 고리를 달아주면 소품 숍에서 파는 것보다 더 특별한 물건이 될 수 있다.

그릇장 가리개

예쁜 그릇장을 샀는데 그 안의 그릇들이 통일되지 않으니 좀 어수선해 보였다. 그래서 간단히 철사를 이용해서 주름 자글자글한 그릇장 가리개를 만들었다. 역시 수납은 가리는 수납이 최고여!

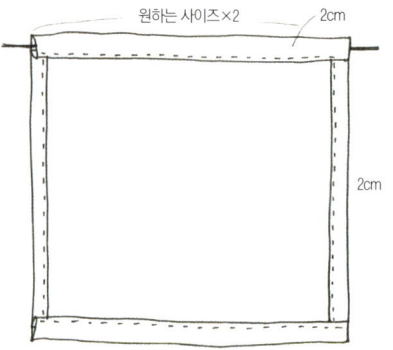

유리장 안쪽의 지저분한 것을 모두 가릴 수 있는 패브릭 가리개. 새하얀 레이스 원단도, 귀여운 프린트 원단도 모두 잘 어울린다. 그릇장 유리문 안쪽 사방에 압정하나씩 살짝 꽂아둔다. 가리개 위아래에 자유자재로 움직일 수 있는 철사를 끼운다. 철사 끝을 압정에 둘둘 말아 고정한 뒤 압정을 다시 제자리에 꽂으면 완성.

Tip 사소한 잔소리 이런 스타일의 가리개 커튼은 원하는 너비의 두 배 되는 사이즈로 재단하면 풍성하게 예쁜 주름을 만들 수 있다.

빈티지 크로셰 쿠션

빈티지 숍에서 운 좋게 구한 핸드메이드 크로셰. 솜씨가 엄청나게 좋아서 뒷면도 코바늘로 떠서 마무리하면 얼마나 좋겠냐만 나는 솜씨도 없고, 성질도 고등어처럼 급해서 생각했을 때 빨리 만들지 않으면 금방 지쳐버린다. 그래서 그냥 크로셰 사이즈의 원단으로 쿠션을 만들어서 그 위에 재봉틀로 붙여주었더니 뭐 그런대로 괜찮았다. 대쿠션 위에다 크로셰만 붙였으니 대쿠션 만드는 방법은? 요기 바로 옆에 설명했다.

1 준비한 원단에 시접 포함 가로세로 73×73cm의 정사각형 모양 두 장을 재단한다.
2 지퍼를 붙여줄 아랫면 양쪽 끝 4cm는 지퍼 마무리 부분이니 촘촘하게 되돌려 박기를 하고 나머지 부분은 바늘땀을 넓게 하여 성글게 박아 시접을 갈라 다림질해 놓는다.
3 아랫면의 사이즈와 같은 지퍼를 준비한 뒤, 시접의 갈라 놓은 면을 지퍼 중앙에 놓고 지퍼 마무리 부분을 제외한 채 기다란 직사각형이 되도록 지퍼 선을 따라 박음질한다.
4 나머지 3면을 마저 박고, 지퍼를 여닫는 부분에 성글게 박아놓은 실을 뜯어 완성한다.
5 빈티지 크로셰를 밑에 깔고, 다림질해 놓은 대쿠션을 잘 펴서 올려놓는다. 밑의 크로셰를 정성스레 매만져 가면서 가장자리를 0.5cm 넘지 않게 꼼꼼히 박는다.

Tip 재봉의 기술 하나! 늘어나는 크로셰와 일반 원단을 같이 재봉틀로 박을 때는 크로셰를 반드시 밑에 깔고 재봉해야 늘어나지 않게 완성할 수 있다.

머플러 담요

머플러가 꽤 여러 개 있었다. 하나같이 고급 소재에, 무늬도 중후하니 멋져서 버리지 못하고 있다가 어느 날 과감히 잘라서 패치워크하고, 양털 원단을 붙여 담요로 재탄생시켰다. 겨울에 거실에서 써도 따스해 보이고, 화이트 일색인 겨울 침실에 놓으면 장식 효과도 제법 있다. 이 담요의 포인트는 원래 붙어 있던 상표를 잘라내지 않고 그대로 살린 것. 별거 아니지만 명품 느낌이 나서 좋으니까.

1 머플러는 사이즈가 각기 다르므로 제일 작은 너비의 머플러에 사이즈를 맞춰서 동일한 사이즈의 정사각형으로 재단한다.
2 특별한 법칙 없이 원단이 겹치지 않게 한 장씩 이어서 커다랗게 한 장으로 만들어 다림질을 해 둔다.
3 준비한 양털 원단 2마와 머플러 퀼트를 겉끼리 마주보게 하여 겹쳐 놓는다.
4 남은 원단은 정리하고, 시침실로 움직이지 않게 고정한 후 창구멍을 남긴 채 테두리를 박음질한다.
5 창구멍으로 살살 뒤집어서 창구멍은 손으로 공그르기를 하여 마무리한 후, 테두리를 잘 다려서 다시 한 번 박음질하여 완성한다.

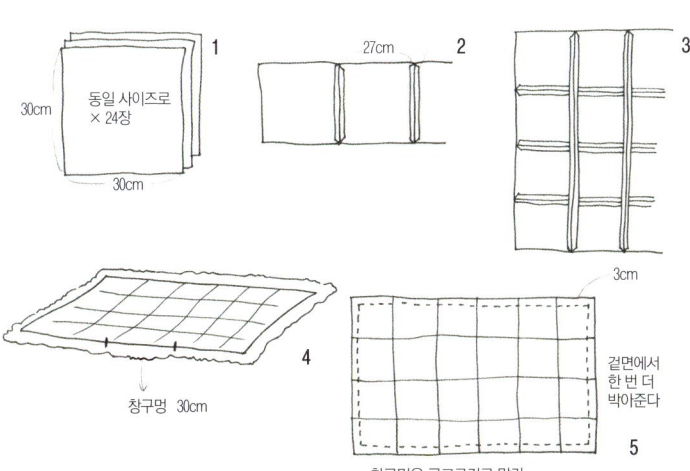

이불이나 소파 커버 대용으로도 쓰는 플랫시트
우리나라 정서에 무슨 플랫시트냐 할지 모르지만 나는 그냥 침대 스프레드처럼 사용한다. 보통 150×180cm의 사이즈로 원단 2마를 모두 활용해 만든다. 밋밋한 침실에 포인트가 되기도 하고, 꼬질꼬질해진 천 소파 위에 씌우면 썩 괜찮은 커버가 된다. 특히 여행 갈 때 플랫시트 한 장 챙기면 숙소 이부자리에 깔거나 덮어서 쓰기에 좋다. 그럼 내 집 냄새 나는 이불을 쓰는 거나 마찬가지다.

꽃무늬 이불 리폼에 대한 단상 혹은 궁상?

나는 원래 이불에 연연하는 스타일이다. 예전에 양가 부모님의 결혼 허락이 떨어지자마자 바로 구입했던 게 '게스 홈콜렉션'의 꽃무늬 차렵이불이었다. 아마 난 예쁜 이불을 덮고 싶어서 그렇게 결혼을 빨리 했는지도 모른다. 그걸 얼마나 애지중지해 가며 썼던지. 하지만 오래 사용하면서 이불솜이 후줄근하게 가라앉아 갔다. 다시 살릴 좋은 방법이 없을까 고민하다가 이불을 꼼꼼히 살펴보니 이불이 누벼져 있는 바늘땀이 의외로 성글었다.

복잡하게 누벼진 이불이 아니라서 과감히 이불 해체 작업 시작! 재봉된 부분을 살살 풀어보니 어느새 이불과 솜이 분리되었다. 창구멍 쪽을 갈라서 분리된 솜을 빼내니 어엿한 이불 커버가 되었다. 분리된 이불 커버에 긴 지퍼를 달아주고, 모서리에 이불 끈을 달아주니 새로운 이불 커버로 변신이 된 거다.

나는 아직도 그때의 환희를 잊지 못하는데 아마도 이 글을 읽는 독자들 중에는 정말 궁상떤다고 느끼는 분들도 아주 많겠다. 나는 여전히 그 이불을 한 번씩 꺼내 쓰며 많은 생각을 한다. 내겐 단순한 꽃무늬 이불이 아니라 추억이다. 아마도 내가 늙어 줄을 때까지 이 이불은 못 버릴 것 같다.

before

after

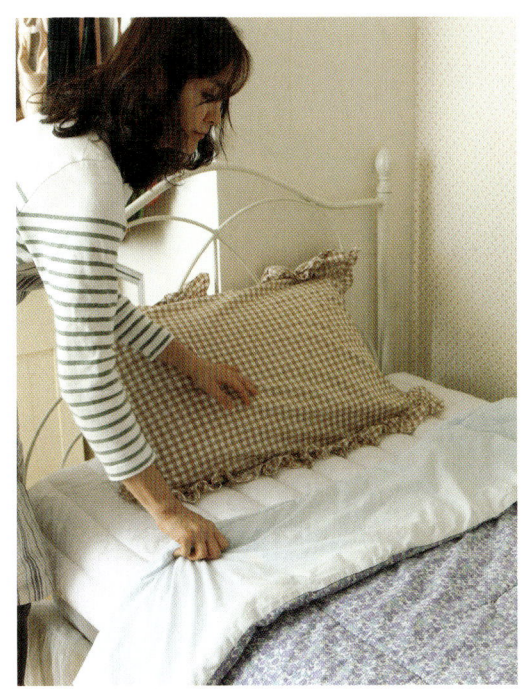

초간단 베드 스커트

어느 집이나 그렇지만 우리 집도 늘 수납이 문제다. 침대 밑 수납도 피할 수 없었다. 그래서 베드 스커트를 만들어서 가려줘야 했다. 서양식 베드 스커트는 매트 밑으로 아주 넓은 치마가 달린 시트를 집어넣어서 장식한다. 하지만 우리나라는 집 구조상 거의 침대를 한쪽 벽에 붙여서 사용하기 때문에, 굳이 4면을 다 장식할 필요는 없다. 그래서 나도 한 쪽 면이나 두 쪽 면을 가리는 베드 스커트를 만들어 쓰곤 하는데, 매트 밑으로 들어가는 자락을 그냥 끼워 넣어 고정할 수 있게 하면 만들기도, 끼우기도, 세탁하기도 무척 쉽다.

Tip 베드 스커트 이야기 주름이 풍성한 베드 스커트를 달아주고 싶다면 얇은 원단을 원하는 사이즈의 3배 길이로 만들면 되고, 만약 모서리 부분이 침대 디자인 때문에 갈라져야 한다면 세로와 가로 스커트를 따로 붙여주면 된다.

1 캔버스 원단같이 힘이 좀 있는 원단으로 스커트를 달아 줄 본판을 연결해서 만든다.
2 면 40수나 60수 원단같이 주름이 잘 잡히는 원단을 가로로 재단한다. 길게 연결해서 밑단도 접어 박아 마무리해 둔다.
3 재봉틀의 주름 노루발을 이용하거나 손으로 원단을 살살 밀어 넣으며 자연스럽게 주름을 만든다.
4 만들어둔 주름분을 본판에 연결하여 오버로크 한다. 이때 주름이 재봉 선에 집히지 않게 조심해서 박는다.

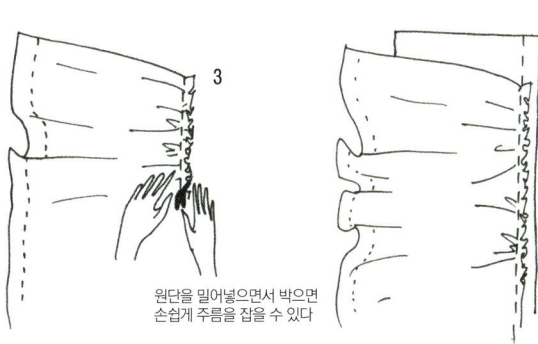

원단을 밀어넣으면서 박으면 손쉽게 주름을 잡을 수 있다

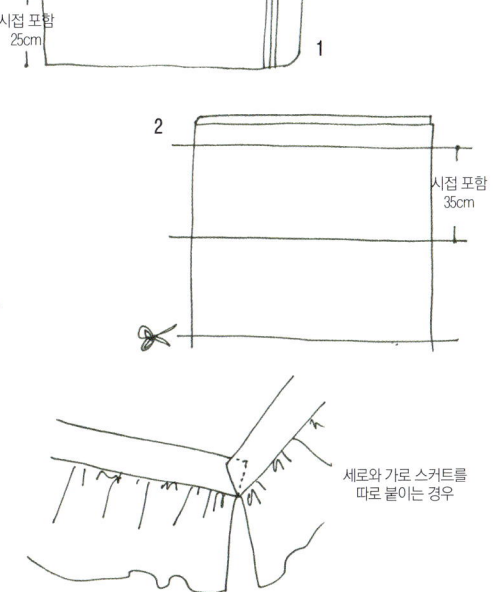

세로와 가로 스커트를 따로 붙이는 경우

아이 방의 갈런드 조명

세상에서 제일 편하면서 멋진 DIY 재료가 바로 펠트가 아닐까? 우연히 동대문 종합시장 5층 DIY 전문 상가를 둘러보다가 한 장의 펠트에 각기 다른 무늬로 깃발이 프린트된, 잘라서 붙이기만 하면 되는 제품을 발견했다. 이젠 아이들이 제법 커서 유치하게 방에 깃발을 붙이기는 좀 뭐하고, 또 다른 방법으로 달 조명을 빛내 줄 아이디어를 생각해 보았다. 펠트 깃발로 조명을 빙~ 둘러주면 조금은 특별한 느낌이 나지 않을까? 쓱쓱 잘라서 드르륵 박으니 제법 복덩방 인테리어랑 잘 어울리는 듯해서 만족! 꼭 펠트지가 아니라도 여러 종류의 패브릭을 섞어서 만들어도 좋을 것 같다. 구입처는 동대문 종합시장 5층 디웨이 펠트 봄날. 갈런드 2장, 각 3천3백원.

그런데 그냥 딱 붙여버리면 안에 전구를 갈기가 어려울 것 같아 벨크로 테이프를 이용해서 붙였다 뗐다 할 수 있게 했다. 조명 테두리에도 문구점에서 파는 접착식 벨크로 테이프를 군데군데 붙여주면 고정이 더 쉽다.

달 조명 가려주는 화이트 리넨

리모델링할 때 예산 문제로 맘껏 못 한 게 있다. 바로 방의 조명들이다. 욕실은 예쁜 등으로 바꿔주었지만 나머지 방의 달 조명은 여전히 보름달이다. 늘 불만스러운 느낌으로 지내다가 어느 날 카페에 들렀다가 허름한 조명을 천 하나와 압정으로 가려 놓은 것을 보고 무릎을 탁 쳤다. 너무 좋은 아이디어라 다시 나만의 방식으로 바꿔 까슬까슬한 리넨 100% 원단에 레이스로 테두리를 둘러 만들어보았다. 원단 사이즈는 대략 100×100cm로 달 조명이 은근히 커서 이 정도는 되어야 모두 커버하고 여유 있게 덮어 줄 수 있다. 천장에 압정으로 고정시키고 세탁할 때 떼어냈다가 다시 달아주면 된다. 예쁘게 만들고 싶다고 무늬나 색깔이 들어간 원단을 사용하면 빛이 어두워지거나 눈이 피로할 수 있으니 그냥 흰색 원단으로 하는 게 좋을 것 같다는 게 나의 생각.

널찍한 레이스 천으로 조명을 가렸다. 어떻게? 압정을 사용해서 천장에 쿡 찔러주면 그만이다.

싫증난 머플러는 옷장에서 꺼내자
남편도 나도 머플러를 좋아해서 집 안에 머플러가 한가득이다. 큼직한 머플러는 외출할 때 무릎 덮개나 간이 담요가 되기도 하고, 피크닉 매트로 활용해도 좋다.

깔끔한 화이트 침구가 썰렁해 보이는 환절기에는 머플러를 침대 위에 덮어 분위기 전환을 해본다. 커버링은 가장 손쉽게 집 안 분위기를 바꿀 수 있는 방법.

소파 위에서 아이들이 간식을 먹다 흘리거나 그림을 그릴 때마다 소파 커버를 벗겨 빨 수는 없는 법. 주말이나 방학 시즌에는 소파 위에 작은 퀼팅 담요나 머플러를 덮어두면 아이들에게 훨씬 관대해진다.

식탁보 한 장으로 분위기 up!

우리 집은 식탁보를 깔고 부르스타에 삼겹살을 구워 먹는다는 사실! 나와 남편은 테이블이나 책상 등에 유리를 얹어 사용하는 걸 무지 싫어한다. 잘못하면 유리가 깨져서 위험하기도 하고, 여름에 유리를 깨끗이 닦지 못하면 냄새가 나기도 하니까. 그런데 무엇보다 유리를 깔면 나무가 갖고 있는 고유의 느낌을 감지할 수 없고, 차가운 유리가 팔에 닿는 느낌도 싫어서 더 그런 것 같다.

오히려 가끔 식탁보를 깔면 식탁보 하나로 주방 분위기가 확 바뀌니 적은 돈으로 주방 분위기 바꾸는 데는 식탁보만 한 것도 없는 것 같다. 그런데 사실 매일 쓰기는 좀 성가시다. 하지만 브루스타 놓고 고기를 구워 먹을 때 이 식탁보가 제대로 실력을 발휘한다. 나름 분위기도 있고, 밖으로 튀는 기름도 다 잡아주니 일석이조. 먹은 뒤 걷어서 세탁기에 빨기만 하면 되므로 손질도 간편하다.

식탁보는 식탁 사이즈에 따라 다르지만 보통 1마 반에서 2마 정도 소요된다. 원단이 식탁에서 너무 길게 내려와도 치렁치렁해서 보기 싫고, 10~15cm 정도 내려오는 게 적당하다.

다목적 식탁보

예쁜 체크무늬 원단으로 식탁보를 만들었는데 딱히 쓸 일이 없다면 피크닉 매트로 활용하면 좋다. 더러움이 덜 타게 우선 돗자리를 먼저 깔고 그 위에 식탁보를 올리면 별것 아닌 거 같지만 소풍 분위기가 한층 업! 된다. 그래서 나는 나들이 갈 때면 늘 이런 걸 하나씩 들고 다닌다. 원단이 조금 남았다면 사방을 접어 박아 키친 클로스를 만들면 딱이다. 원단을 살 때는 제일 작은 단위로 1마를 사는 것보다는 최소 2마를 사는 게 활용도가 높다. 110cm 폭이라면 3마, 150cm의 넓은 폭이라면 2마 정도면 OK! 내가 즐겨 만드는 아이들 옷뿐 아니라 가리개 커튼, 식탁보, 피크닉 매트 등을 만들 수 있는 최소 사이즈이기도 하다.

소풍 나왔으면
소꿉장난은 기본!

언니 고구마 껍질 까면
나도 줄 거지? 그치?

루나의 살림살이

나는 살림 하나를 사더라도 굉장히 고민을 많이 하는 타입이다. 내가 이 제품을 잘 활용할 수 있을지 많이 생각하는 편이라 단순히 예쁘기만 하고 제 역할을 못할 것 같은 물건엔 손이 잘 가지 않는다. 과하게 비싼 물건도 별로고, 가격 대비 성능을 꼭 따진다. 비단 살림 뿐 아니라 모든 면에서 가성비를 최고로 따지는데 그러다 보니 명품은 그다지 눈에 차지 않는다. 대신 조금 저렴하지만 제 역할에 충실하고, 디자인이 베이식하면 그 브랜드가 모두가 부러워하는 상표가 아니어도 좋다. 내가 오래도록 사용하고 앞으로도 애용할 아이템을 소개한다.

바구니와 토분

일단, 바구니는 생각보다 비싸다. 약오르지만 비쌀수록 크고, 튼튼하고 오래 쓴다. 고속버스터미널 지하상가나 남대문 등에서도 바구니를 팔지만 부담스러운 가격 때문에 여행 다닐 때마다 시장에서 바구니를 파는지 매의 눈으로 살피게 된다. 우리나라 담양은 물론 동남아나 일본 등지에서 꾸준히 모은 바구니는 수납 겸 장식용으로 우리 집을 책임지고 있다. 토분 역시 나의 애장품. 이끼마저 멋스러운 게 장점이다. 나는 흰색 페인트를 스펀지에 묻혀 톡톡 찍어가며 토분에 멋을 더하기도 한다.

화이트 법랑 주전자

하얀 법랑 주전자를 결혼할 때 선물로 받아서 16년을 쓰고는 얼마 전 버렸다. 그게 참 아쉬워서 다시 또 비슷한 하얀 주전자를 찾아 남대문시장을 뒤져서 구한 귀한 아이다. 찬물을 싫어하는 나는 가스레인지에 주전자를 올려놓고 살짝 데워서 마시고 또 마신다. 그러면 푸근한 보리차의 온기가 온 집 안에 퍼지고, 차가운 내 몸을 데워준다. 후지호로 법랑주전자 2L, 남대문 E동 수입상가 신광사, 3만8천원.

화이트 사각 접시

화이트이면서 사각형 애호가인 나에게 딱 맞는 그릇이다. 상차림을 하면 빈틈없이 딱딱 들어맞아서 짜임새 있어 보인다. 화이트 접시는 과일이면 과일, 채소면 채소, 그리고 한식, 양식 모두 두루두루 잘 어울려 나는 이 접시를 매일 쓴다. 이런 스타일은 레스토랑에서도 가끔 볼 수 있는데 업소용 그릇 파는 곳이나 이마트 자연주의에도 있다. 최근 알아낸 www.cupandcup.co.kr에도 다양한 사각 접시가 많다.

소식 밥그릇, 코렐 미니 볼

지인이 아이들을 위해 선물해 주신 종지보다 조금 큰 미니 볼이다. 아이들이 어릴 적엔 이유식이나 아이스크림 같은 걸 담아주다가 밥을 먹으면서부터는 우리 식구 밥그릇이 되었다. 아이들은 성장하면서 밥을 두 번씩 갖다 먹지만 우리 부부는 여전히 이 한 그릇으로 만족하려고 노력한다. 무늬가 있는 것은 대형 마트나 백화점 어디에나 있고, 올 화이트 볼은 남대문 도깨비시장 지숙상점 제품.

듀라렉스 피카디 컵 시리즈

내가 너무너무 사랑하는 컵으로 새댁이었을 때부터 시어머니께서는 이 컵을 몇 개 쓰고 계셨다. 모양도 예쁘지만 강화유리라 다른 컵은 다 깨져도 이것만은 깨지지 않았다. 그 뒤로 나도 구입해서 쓰는데 처음 산 그 멤버 그대로 아직도 사용하고 있다. 물론 시어머니도 아직 쓰고 계시다. 이 컵은 '유투홈(www.u2home.co.kr)'에서 구입했는데 신세계 백화점 '딘앤델루카'에서도 판매한다.

압력솥은 역시 풍년 압력솥

난 요리란 도구보다는 재료와 솜씨가 중요하다는 개똥철학을 갖고 있다. 그런 면에서 이 풍년 압력솥은 실용주의를 추구하는 내 성격과 잘 맞는 살림이다. 적당한 가격에 적당한 쓰임새. 얼마 전 거의 수명이 다 돼서 버릴까도 생각했지만 결혼하면서 마련한 나의 첫 살림이라 내가 직접 고쳐 쓰고 또 쓰고 하다가 애착이 심해졌다. 이젠 고장 나서 다신 못 쓰게 된다 해도 영원히 보관할 거다.

PN 편수냄비

PN이 뭐냐고? 외국에서 들여온 새로운 브랜드? 아니다. 이 역시 풍년에서 출시한 스테인리스 냄비 시리즈로 내 맘에 쏙 들었다. 베이식한 디자인에 스틸 두께도 적당하고(너무 무거워도 힘드니까) 안에 눈금도 있어 여러모로 편리하다. 어느 날은 소스 팬으로, 어느 날은 라면 냄비로, 또 어느 날은 조림 냄비로 우리 집 주방에서 대활약 중인 기특한 살림이다. 구입은 이마트에서.

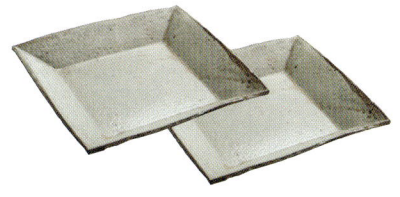

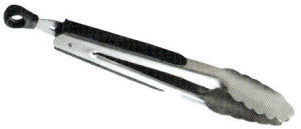

손맛 가득 도자기 그릇

꽃무늬 좋아하는 내게 정작 꽃무늬가 화려한 그릇은 별로 없다. 실은 그릇을 세트로 사려면 출혈이 심하고 보관하기도 힘들어서 내가 좋아하는 도자기 그릇을 가끔 하나씩 사서 모은다. 색이 달라도 모양이 제각각이어도 한데 모아놓으면 내 눈에 그렇게 멋질 수가 없다. 처음 도자기 그릇을 구입한다면 활용도 높고 폼 나는 큰 그릇을 추천하고 싶다. 틈틈이 맘에 드는 게 있으면 구입하는데, 1년에 한두 번 정도 이천의 도예촌인 사기막골을 나들이 겸 방문한다.

집게의 레전드 옥소 집게

아무래도 시집을 일찍 가서 시댁에서 살림을 시작해서인지 친정엄마보다는 시어머니 살림 스타일을 더 많이 익혔다. 음식도, 살림살이도. 이것 역시 시어머니께서 고장 한 번 없이 튼튼하게 사용하시는 걸 보고 따라 산 옥소 집게다. 이 디자인을 모방한 비슷한 제품을 하나 구입해서 썼는데 금방 고장이 나서 실망한 적이 있다. 그 이후 집게는 옥소가 레전드라는 생각에 변함이 없다. 그래서 이 집게를 보면 물건 아껴서 오래 쓰시는 시어머니가 생각난다.

파티 걸들을 위한 크리스마스 장식

우리 집 아이들이 공부는 잘 못하는데 놀이엔 거의 영재 수준이라 듣도 보도 못한, 패션쇼 놀이나 찜질방 놀이, 카페 놀이 등 진짜 하루 종일 잘 논다. 그래서 기회만 생기면 파티 프로그램을 만들어서 자체 공연도 하는데 우리 집 파티의 하이라이트는 바로 크리스마스다. 아이들이 커서 그때만큼 놀지는 못하지만 크리스마스는 아직도 우리에게 특별한 날이다. 12월이 시작되면 우리 집은 내내 크리스마스 파티 준비로 분주하다. 우선 트리 장식할 전나무를 사러 꽃시장에도 다녀오고, 아이들의 나이만큼 추억과 세월이 쌓인 트리 장식도 모두 꺼내놓는다. 온 식구가 각자 식구 수대로 선물도 사고, 포장도 몰래몰래 해서 트리 밑에 쌓아둔다.

이번에 새로 도전해 본 크리스마스 장식은 바로 핑크색 습자지로 만든 폼폼 장식. 만들고 그리기 좋아하는 둘째와 함께 종이 끝을 지그재그로 자르고 가운데로 뭉쳐 동그란 공 모양으로 다듬었다. 한창 질풍노도의 시기를 보내는 중학생인지라 이런 자연스러운 시간을 틈타 다독다독 이야기도 나눈다.

엄마인 나는 좀 귀찮지만 아이들이 가족 모두 함께하는 크리스마스 파티를 좋아해서 훗날 남자친구가 생기고, 남편이 생겨도 다 같이 집으로 모여 크리스마스 파티를 하자고 한다. 아직 오지도 않은 미래의 크리스마스까지 기대하게 만드는 우리 딸들, 사랑한다.

천 한 장의 마법이 시작됩니다!

3장

직선 박기로 끝!
패브릭 살림 정비하기

소파 커버를 바꾸고 나서 마치 세상을 다 가진 듯한 기분을 느꼈던 적 있었다. 커튼이나 침구를 만들어 장착하고는 잠 못 이룬 날도 많았다. 부자가 된 듯한 느낌. 패브릭의 마법이란 이런 거다. 마치 개조한 집에 이사한 듯 뭉클한 감동을 주는 원단들이 있어서 나는 날마다 두 손을 쉬지 않고 움직인다.

커튼, 침구, 쿠션이나 베개 같은 자잘한 소품 그리고 벼르고 있던 소파 커버까지… 한번 도전해 보자.

나만의 브랜드를 만들고 싶었어

집에서 바느질을 시작한 가장 큰 이유 중 하나가 내가 만들면 저렴하기 때문이었다. 재료비에 시간과 솜씨만 보태면 멋진 가정용품이 완성되니까. 내 손 하나면 못 만드는 게 없었다. 대학에 가서는 패션 디자이너가 되고 싶은 마음에 내 옷을 만들어 입었고, 학생 신분으로 결혼한 후 시부모님 댁에 얹혀살던 우리 부부는 경제 활동이 없었으므로 이래저래 절약하는 방법을 터득할 수밖에 없었다. 미대 나왔답시고 스타일은 포기하지 못하는 가난하고 철없던 유학 준비생 부부, 아니 백수 부부! 우리는 그렇게 부부가 되자마자 부모가 되었다.(사람들에게 누누이 얘기하지만 절대 속도위반 아님)

배는 점점 불러오고 준비할 것도 많았다. 남들과 똑같은 유아용품 숍에서 매뉴얼대로 모든 걸 마련하기에는 돈도 넉넉지 않았지만, 그보다 늘 DIY 정신이 충만한 내 맘에 들지도 않았고, 브랜드마다 거의 똑같은 디자인이 싫었다. 그래서 일단 내 나름대로 우리의 귀여운 아기를 생각하며 테디 베어로 콘셉트를 짜고 머릿속으로 디자인을 했다.

틈틈이 동대문 종합시장에서 원단을 끊어 와서 아기 이불 겸 겉싸개랑 손수건도 만들고, 큰 타월에 스텐실을 해서 곰돌이도 그려 넣고 갖은 정성을 쏟았다. 남들이 알아주지 않아도 나만의 특별한 아기용품을 갖고 있다는 것만으로도 스스로 엄청 만족해했다.

정성이 뻗친 건 비단 아기 용품만이 아니다. 어버이날 선물로는 동대문시장에서 리넨과 레이온 원단을 사다가 직접 누비솜을 넣고 홈질로 연꽃과 연꽃잎을 누빈 여름 이불을 만들었다. 그걸 양가 부모님께 한 채씩 선물했는데, 시댁이고 친정이고 모두 그 이불이 닳아서 없어질 때까지 사랑해 주셨다. 아마도 이게 '루나홈' 이불 장사의 시작이 아니었을까?

주머니에서 침대 시트까지, 패브릭으로 완성하는 럭키 아이템

루나홈, 내 마음 속의 영원한 브랜드

내가 만든 나의 브랜드는 '루나홈'이다. 지금은 사무실도 직원도 없다.
한때는 캐스 키드슨이나 마사 스튜어트를 꿈꾸며 쇼룸도 있고, 작업실과 사무실도 있었지만 내게 맞지 않는 옷 같았다. 아이를 셋이나 키우면서 크지도 않았던 패브릭 사업을 잘해 나갈 자신이 없어서 다 정리하고 3년을 쉬었다. 그래서 지금의 내 작업실은 우리 집 안방 베란다요, 사무실은 부엌 식탁이고, 거실이 물류 창고다.
현재는 직원도 없고, 작은 하청 작업실에서 재봉하는 것만 빼고 모든 일을 내가 다 한다. 이렇게 써놓고 보니 무슨 유령회사 같지만. ㅎㅎㅎ
그래도 무척이나 행복하다. 디자이너를 꿈꾸던 어린아이가 자라서 세 아이의 엄마가 되고, 마사 스튜어트를 흠모하며 보냈던 그 살림의 시간들이 내 패브릭 브랜드의 기초가 되었다. 늘 시간을 쪼개 가며 집안일과 밖의 일을 나누지만 아직도 내가 만든 물건을 기억하고 찾아주시고, 또 루나의 생활을 궁금해하시는 분들이 많아 가슴 뭉클하다.
예전엔 '루나홈'을 유명 브랜드로 키우겠다는 좀 거창한 꿈도 꿨는데, 이제 그 꿈은 접고 더 이루기 힘든 꿈일 수도 있지만 늘 같은 자리에서 은발의 멋진 할머니가 될 때까지 사람들에게 이불을 만들어주고 싶다. 작은 가게가 딸린 아담한 주택으로 이사 가서 다시 한 번 소박하게 '루나홈'을 시작하는 게 소원이다. 그 소원 기도하면 언젠가 이루어지겠지!
기본만 알면 얼마든지 내 마음대로 변형 가능한 패브릭 DIY 노하우를 나누고 싶다.

주머니와 가방

일상생활에 두루두루 필요한 주머니와 가방. 큰 원단 필요 없고, 만들기도 쉽고 가방 속 자질구레한 물건 수납하기도 좋다. 때로는 서랍 속에서 깔끔하게 정리되지 않는 작은 덧신이나 스타킹을 넣어도 좋다. 물건을 수납할 때도 쓰지만 나는 선물 포장지 대신 간단하게 주머니를 만들어서 포장하기도 한다.

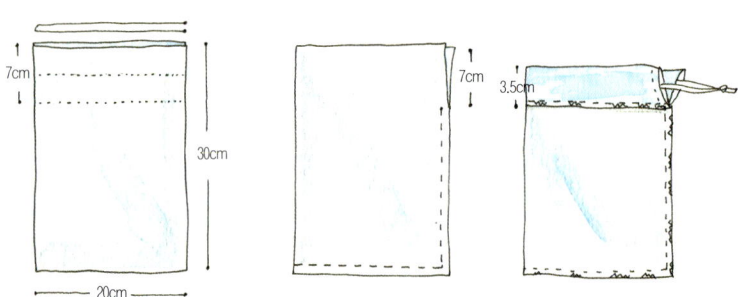

1 원단을 그림과 같은 사이즈로 접어 재단한다.
2 윗부분에 끈이 들어갈 자리를 남기고 아래와 옆면을 박는다.
3 끈이 들어갈 부분을 뒤집어서 2겹으로 박고 끈을 끼운 다음 겉면이 밖으로 오게 뒤집는다.

작은 끈 주머니

세상에 예쁜 포장지는 많지만 뜯어서 버릴 때면 너무 허무하다는 생각이 든다. 반면 작은 주머니는 갖고 있으면 반드시 필요할 때가 있기에 그래도 의미 있는 포장이 될 것 같아서 여러 장 만들어 놓고 사용한다. 환경을 생각한다면 더욱 의미 있는 일이 아닐까.

우리 둘이 여행할 거예요. 언니, 그치?

여행 파우치

여행 짐을 챙길 때 나는 꼭 품목별로 주머니에 구분해서 넣는다. 이렇게 하면 혹시라도 가방을 여닫을 때 속옷이 우르르 쏟아진다거나 로션이 바닥에 떨어져 뒹굴 염려가 없다. 그래서 큼직한 패브릭 주머니를 사용하는데, 시중에서 판매하는 것들도 많지만 집에서 간단하게 지퍼 달아 여러 개 만들어두면 편리하다.

40수나 30수 원단으로 만들면 얇아서 부피를 차지하지도 않고, 세탁도 세탁기에 돌리기만 하면 OK! 디자인은 지루하지 않게 앞뒤 다른 원단을 배색해서 만든다.

파자마 주머니

늘 침대 머리맡에 두고 사용하는 잠옷 주머니. 이 기본적인 주머니 만드는 법만 익혀두면 다양한 디자인의 주머니로 응용 가능하다. 주머니 위쪽에 끈을 끼워주는데 주머니 앞판의 배색이나 패치워크에 변화를 주는 것만으로도 나만의 주머니를 만들 수 있다.

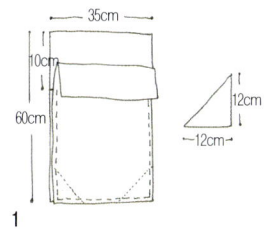
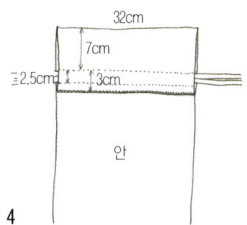
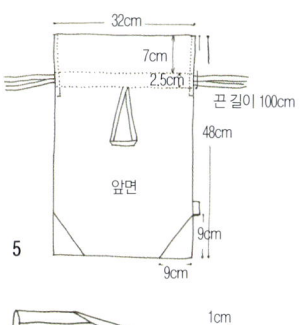
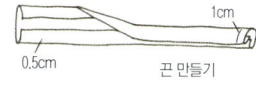

1 원단을 가로 35cm, 세로 60cm로 두 장 재단한다. 모서리 포인트 삼각형도 그림의 사이즈대로 재단한다.
2 원단 본판의 겉면에 삼각 포인트 원단의 사선 면을 겉에서 박아준다.
3 윗부분 10cm를 남기고 3면을 박음질해서 연결한다.
4 그림처럼 끈 끼울 자리를 남기고 박는다.
5 끈은 접어서 만드는데 이게 불편하다면 리본이나 레이스 끈을 사용해서 양쪽으로 넣어준다.
6 뒷부분에 고리를 달아준다.

남편의 브라운 백

남편 도시락을 자주 싸는 편인데 보온 도시락을 쓰다 보니 폼 나게 싸기가 좀 어렵긴 하다. 아무 쇼핑백에나 들려 보내긴 싫어서 만들어본 브라운 백. 입구는 돌돌 말아 네오디움 자석을 넣어 여몄더니 나름 시크한 도시락 가방이 되었다. 종이봉투 느낌도 나면서 빨래도 세탁기에서 돌리기만 하면 되니 이보다 더 좋을 수 없다.

1 내가 원하는 사이즈의 쇼핑백을 골라서 풀이 붙은 부분을 분리해서 원단 위에 쇼핑백 봉투 모양으로 그린다.
2 쇼핑백 모양대로 재봉을 하고 겉에서 한 번 더 박아서 모양을 잡는다.
3 네오디움 자석을 작은 천 조각에 넣어서 빠져나오지 않게 재봉하여 한 번 말아 붙여 놓는다.
4 밑판과 똑같은 사이즈로 파일을 잘라 넣어 모양을 잡는다.

쿠션과 베개

쿠션 커버와 베개 커버는 가장 만들기 쉬우면서 완성도도 높다. 일반적으로 지퍼가 달린 디자인이 많은데, 나는 깔끔하게 마무리되고 앞뒷면 모두 사용 가능한 콘솔 지퍼를 애용한다. 지퍼를 다는 게 어렵다면 리본을 만들어 달아도 모양이 예쁘다.

Tip 쿠션 솜에 대한 견해 둘째가 천식을 갖고 있어서 쿠션 속통에도 항상 신경 쓴다. 오랫동안 55×55cm 사이즈에 구름솜을 약간 덜 넣은 속통을 애용했다. 하지만 사용하다 보면 솜이 방석같이 가라앉아 다시 속통을 사야 했다. 최근 정착한 것이 무인양품의 거위털 쿠션 속통. 아이들이 거실 테이블에서 책을 보거나 공부할 때 안거나 깔고 앉아 방석처럼 쓰기도 하는데, 구름솜 쿠션은 너무 붕붕 뜨는 반면 깃털 쿠션은 안정감 있게 푹신하다. 깃털 냄새가 좀 날 때는 햇빛에 말리면 나아진다.

심플 사각 쿠션

깔끔한 걸 좋아하는 나는 아무 장식 없이 콘솔 지퍼를 달아 만드는 무지 쿠션을 가장 선호한다. 계절마다 기분 전환용으로 만드는 쿠션은 집 안 분위기를 확 달라지게 한다. 특히 유럽 인테리어 책에 자주 등장하는 큼직하면서도 공기가 가득 들어가 있어 뭔가 여유 있어 보이는 풍성한 깃털 쿠션이 마음에 들었다. 똑같은 쿠션이라도 커버만 바꿔주면 얼마든지 새로운 분위기를 낼 수 있다. 큼직한 쿠션을 4개 놓고 사용하는데 원단은 모두 똑같은 것으로 쓰지 않고 컬러나 패턴을 달리하는 걸 즐긴다.

자투리 원단 패치 쿠션

예쁜 꽃무늬 원단을 조각조각 아무 규칙 없이 이어서 만든 쿠션으로 내추럴한 느낌이 가득하다. 마음 내키는 대로 꽃무늬 원단을 연결해서 만드는데 마지막에 콘솔 지퍼를 달아 마무리한다.

불란서 레이스 쿠션

옛날에 엄마들이 불망이라 불렀던 꽃자수가 잔잔한 꽃망사 레이스를 덧댄 쿠션이다. 리넨에 레이스를 덧대면 내추럴하면서도 로맨틱한 스타일이 된다. 마감은 역시 콘솔 지퍼로 해야 디자인이 깔끔하다.

콘솔 지퍼로 만든 심플 쿠션

양면 다 쓸 수 있는 콘솔 지퍼 쿠션. 지퍼가 달린 면도 깔끔해서 얼핏 보면 아무런 마감이 없어 보이는 게 장점이다. 원단을 잘 선택하면 모던에서 클래식까지 모두 커버할 수 있는 스타일이다. 면 10수~40수, 각종 폴리원단, 리넨, 면마, 벨벳, 청 등 거의 모든 원단으로 만들 수 있다.

원단 소요량 50×50cm 기준 : 1마

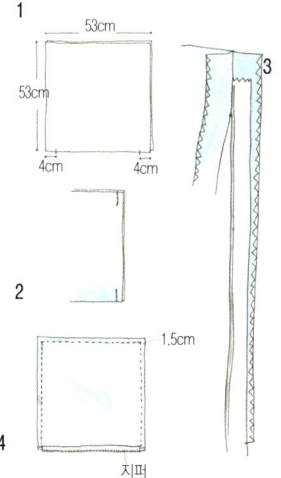

1 시접 포함해서 가로세로 53×53cm로 2장 재단한 뒤 오버로크나 지그재그로 마무리한다.
2 원단을 겉면끼리 마주보게 한 뒤 지퍼를 붙일 면의 양쪽 시접 4cm를 촘촘하게 되돌려 박기해서 지퍼를 달 부분을 미리 마감해 둔다.
3 지퍼를 열어 스팀다리미로 지퍼가 접힌 부분을 펴놓는다(열 다리미는 불가능). 지퍼가 열린 상태에서 끝부분에 시접 1.5cm를 남기고 한쪽 지퍼의 안쪽을 열어서 천천히 박음질한다.
4 나머지 한쪽 지퍼는 이미 달아놓은 지퍼 선에 맞춰 시침핀을 꽂은 뒤 방향을 바꿔서 천천히 박고, 남은 지퍼는 시접 부분에서 잘라준다. 나머지 3면을 박아서 마무리한다.

리본 쿠션

지퍼를 다는 것이 어렵다면 리본을 다는 리본 쿠션 커버를 만들면 좀 더 쉽다. 하지만 리본을 따로 만들어야 하는 수고는 감수해야 할 듯. 쿠션의 리본 만드는 법은 리본 커튼의 리본 만드는 법(198쪽)과 같으므로 그 방법을 참고하면 된다. 이 쿠션 커버는 안의 쿠션 솜이 나오지 못하게 봉투처럼 안을 여며 줘야 하는데, 그 부분 순서가 은근히 헷갈리므로 주의해야 한다. 리본 스타일은 원단의 각이 사는 면보다는 내추럴한 리넨이나 면마가 더 잘 어울린다. 특히 연한 스트라이프 원단으로 만들면 프렌치 감성이 듬뿍 느껴진다. 리본은 길게 만들어 묶으면 로맨틱하고, 짧고 통통하게 만들면 그냥 묶어도 예쁘다.

원단 소요량 54인치 기준 : 1마 반

1 55×55cm 사이즈를 기준으로 그림처럼 시접을 포함한 사이즈를 재단한다. 무늬가 없거나 작은 꽃무늬라면 원단 재단 방향을 마음대로 해도 되지만 스트라이프 같은 무늬가 있다면 반드시 방향을 통일한다.
2 리본을 분량대로 4개를 만들어둔다.
3 ③번과 ④번의 겉면을 서로 마주보게 한 뒤 리본을 그 사이에 넣고 재봉한다. 그다음 뒤집어서 끈을 밖으로 빼준 뒤 ④번의 시접을 접어 재봉해서 마무리한다.
4 ①번과 ②번도 겉면끼리 마주보게 한 후 끈을 넣어 재봉한다.
5 마지막 그림처럼 ③+④의 겉면, ①번의 겉면을 마주보게 한 뒤 ②번이 ③+④번을 감싼 순서로 놓고 입구 부분을 뺀 나머지 3면을 박은 뒤 오버로크를 해서 마무리한다.

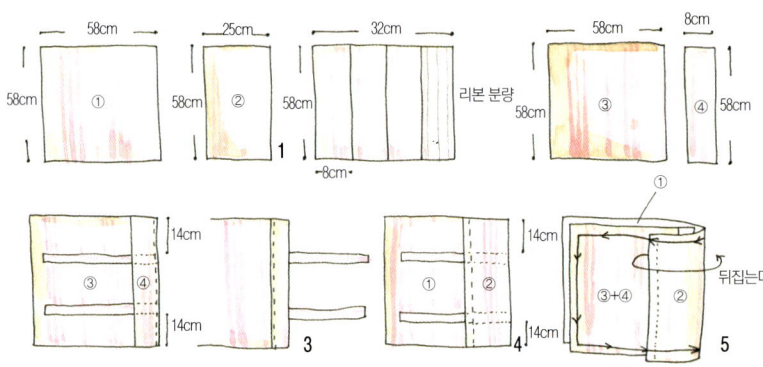

Tip 베개 솜이 너무 빵빵할 때 베개만큼 바꾸기 힘든 물건이 있을까? 여간해서 내 맘에 드는 베개를 구하기도 힘들지만, 기존에 쓰던 것을 바꾸기는 더더욱 어렵다. 그래도 때가 되어 할 수 없이 바꿨는데 높이나 폭신함이 맘에 들지 않는다면? 베개 속통의 한쪽 재봉 선을 주먹 하나 들어갈 만큼만 가로로 터준 뒤, 정중앙에서 솜을 한 주먹씩 빼준다. 베개 높이는 실제로 누워서 적당한 높이를 체크해 가며 솜을 빼줘야 실패가 없다. 열었던 부분은 다시 공그르기로 막아준다. 빼놓은 솜은 버리지 말고 숨이 죽은 다른 베개나 쿠션에 넣어준다.

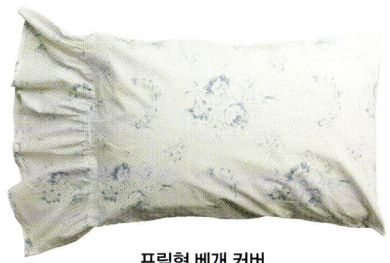

프릴형 베개 커버

이 베개는 드레시한 느낌을 주는 화사한 스타일이다. 주로 꽃무늬 원단이나 올 화이트 원단 중에서도 조금 얇은 40~80수 정도의 원단에 잘 어울리는 디자인이다. 클래식한 침대에 베이식한 스타일의 무지 베개와 함께 놓으면 포인트 역할을 해준다.

원단 소요량 44인치(110cm)·54인치(135cm)·60인치(150cm) : 모두 1마 반

1 그림처럼 본판과 프릴을 재단한 뒤 프릴은 양쪽 모두 연결해서 끝단을 말아박기나 접어박기로 마무리해 놓는다.
2 만들어놓은 프릴을 재봉틀로 성글게 박아 한쪽 실을 빼서 주름을 잡는다.
3 본판도 입구만 빼놓고 박음질해서 오버로크 처리를 한다.
4 입구에 본판과 프릴을 겉면끼리 붙이고 박음질해서 연결한다. 이때 프릴을 손으로 잘 매만져 시침핀으로 어느 정도 고정시킨 후에 박음질해야 주름이 고르게 분포된다.
5 프릴과 본판이 연결된 부분은 재봉틀로 한 번 더 박아 프릴 시접이 뒤집어지지 않게 고정한다.

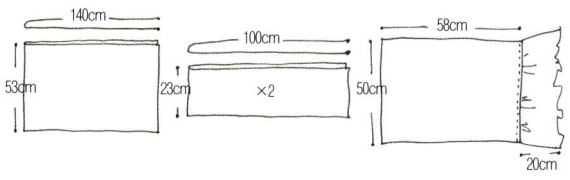

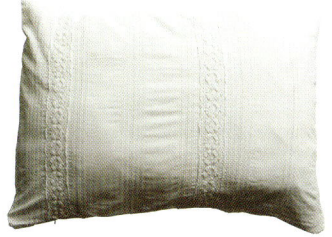

심플 베개 커버

지퍼 부분이 감춰지는 콘솔 지퍼(일명 원피스 지퍼)는 일반 지퍼보다 재봉이 조금은 까다롭지만 지퍼 선이 안 보이기 때문에 쿠션이나 베개 만들 때 사용하면 앞뒤 구분 없이 모든 면을 다 쓸 수 있어서 아주 실용적이다.

자루형 베개 커버가 입구 부분으로 몸통이 자꾸 나와서 귀찮다면 콘솔 지퍼를 달아서 마무리하면 훨씬 쓰기 편리하다. 원단 소요량도 가장 적은 편이라 이불을 만들고 남은 원단이 빠듯하다면 이 방법으로 만드는 게 좋다. 베개용 콘솔 지퍼는 길이가 70cm는 되어야 여유 있게 달 수 있으니 구입 시 사이즈 체크가 필수!

원단 소요량 44인치·54인치·60인치 : 모두 1마

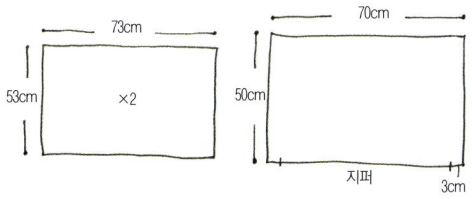

자루형 베개 커버

자루형 베개 커버는 주로 호텔 같은 숙박업소에서 많이 사용하는 디자인이다. 베갯잇을 자주 가는 사람이나 호텔 같은 느낌을 주기 위해 침구를 세팅하는 경우 가장 부담 없이 쓸 수 있고, 만들기도 쉬워서 더욱 좋다. 호텔형 침구처럼 화이트 원단으로 만들면 어느 곳에서나 잘 어울리는 베이식 스타일이 된다. 40수, 40수 고밀도, 60수 고밀도 원단으로 만들면 모양도 잘 잡히고 바느질도 잘 된다. 단 입구가 막히지 않아서 몸통이 살살 빠져나온다는 게 단점이지만 베개 정리를 하면서 다시 탁탁 털어서 넣어주면 된다.

원단 소요량 44인치·54인치·60인치 : 모두 1마
그림처럼 재단해서 안쪽 시접은 2cm, 바깥 시접은 8cm로 접어 박음질하면 된다(재단은 접어서 해도 되고, 접지 않고 해도 상관없다).

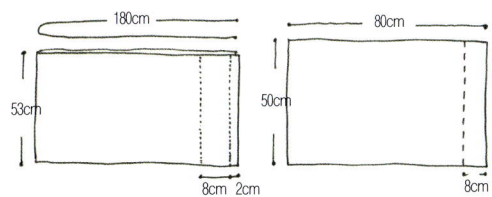

커튼과 침구

고급스러운 침구 세트나 커튼을 제대로 장만하려면 어마어마한 비용이 든다. 물론 요즘은 아웃렛이나 홈쇼핑 같은 곳에서 기획 상품을 내놓고 있기는 하지만, 마음에 쏙 드는 디자인을 찾기는 어려우니까.
그래서 나는 만들어 쓴다. 시판 제품처럼 짱짱하지는 못하더라도 색과 디자인, 감각까지 모두 내 입맛에 맞출 수 있으니 이보다 더 좋을 수야! 우선 커튼을 만들려면 내 집의 바닥부터 천장까지의 높이와 원하는 창의 너비를 정확히 실측해 둬야 한다. 그리고 어떤 스타일의 커튼을 선호하는지도 미리 생각해 놓아야 할 부분이다. 침구는? 뒤에서 차차 얘기해 보자.

커튼 봉에 끼워 넣는 봉집형 커튼

제일 만들기 쉬운 기본형 커튼이다. 단점은 봉을 빼야만 커튼을 걸 수 있어서 그 점에서는 약간 번거롭다. 폭을 넓게 하면 자연스럽게 주름이 잡히고, 폭을 딱 맞게 하면 가리개처럼 최소한의 원단으로 창을 가릴 수 있다. 너무 두꺼운 원단은 조금 답답해 보이고, 커튼의 이동도 쉽지 않다. 얇고 비치는 원단으로 넉넉하게 만들면 심플하면서도 드라마틱한 방 분위기를 낼 수 있다. 커튼 전용 원단을 구입한다면 이음선 없이 풍성한 커튼을 만들 수 있다.

Tip 커튼 원단에 대한 공부 사용하면 예쁜 원단으로는 커튼용 폴리 원단, 오간자, 실크, 망사, 60수 면 원단, 거즈 등을 추천한다. 그렇다면 커튼을 만들 때 원단은 어느 정도나 필요할까? 일반적으로 높이 230cm 정도의 창이라면 대략 3마가 소요된다. 20~30평형 아파트의 거실에 딱 맞게 하려면 110cm(44인치) 폭 기준 12마, 주름을 좀 더 잡으려면 18~24마 이런 식으로 늘리면 된다. 반창이라면 창 아래 부분을 기준으로 20cm 정도 내려오게 만들면 된다.

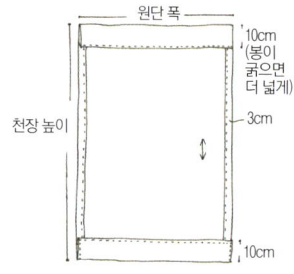

리본형 커튼

커튼 봉에 끼우지 않고 리본으로 묶어주는 디자인이다. 리본을 만들 때 생각보다 원단 소요량이 많으니 넉넉히 준비해야 모자라지 않는다. 리본 원단만 1.5마 정도 소요되므로 여유 있게 구입할 것. 리본은 내가 원하는 너비로 만들면 되지만 너무 두껍거나 길어도 묶었을 때 모양이 예쁘게 나오지 않는다. 2.5×100cm 정도가 적당하게 예쁜 사이즈. 반드시 식서 방향으로 재단해야 모양이 잘 나온다.

리본을 커튼에 달아줄 때는 가운데를 기준으로 한쪽은 살짝 길게 나머지는 짧게 하는 것이 리본을 봉에 걸어 묶었을 때 떨어지는 자락이 균형 있고 예쁘다. 리본 묶는 위치는 원단을 접어서 균등하게 비율을 나눈 후 너무 촘촘하거나 느슨하지 않게 위치를 잡아준다. 대략 44~54인치 한 폭으로 커튼을 만들었을 때 리본은 7개가 적당하다.

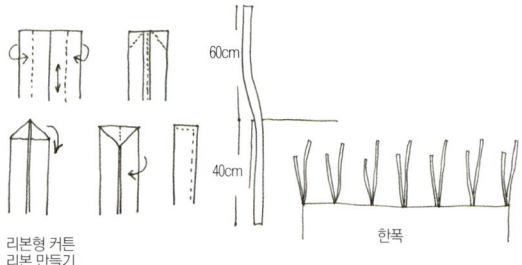

리본형 커튼
리본 만들기

호텔처럼 깔끔해 보이는 화이트 침구

난 흰색을 좋아한다. 옷도 흰색이 좋고, 이불도 흰색이 좋다. 아주 오래전 아이들이 어릴 땐 매트리스 두 개를 붙여놓고 사용했는데, 그땐 이불을 사고 만들 여유가 없어서 카드사에서 사은품으로 받아 온 이불을 조금이라도 감추고 싶은 마음에 커다란 흰 천을 이불 위에 뒤집어 씌워놓고, 베개만 모두 화이트로 만들어 사용했다. 외국 인테리어 잡지에서 본 건 있어서 따라 하고 싶었던 것 같다. 특히 여행하면서 괜찮은 호텔에 가고 싶은 이유도 호텔식 침구의 뽀송뽀송하면서도 부드러운 느낌을 몸이 기억하고 있어서 그렇기도 하다. 그럼 뭐가 문제인가? 호텔식 화이트 침구를 내 안방으로 들이면 되지. 화이트 심플 베딩은 옷으로 치면 화이트 면 티셔츠 같은 느낌이다. 꼭 하나 기본으로 갖추어야 하는 침구. 흰색 티셔츠에 카디건을 걸치면 편안한 내추럴 룩으로, 검정 재킷을 걸치면 포멀해 보이기도 하지 않는가? 말하자면 기본 중의 기본이라는 뜻이다.

침실을 깔끔하게 꾸미고 싶다면 기본 화이트 침구에 본인의 취향대로 등 쿠션이나 장식 베개를 추가하고, 발치에 스프레드나 원단 한 장으로 개성을 더한다면 큰돈 들이지 않고도 내추럴, 모던, 앤티크 스타일까지 모두 소화가 가능할 것 같다. 사실은 변색되어도 면 100%는 과탄산이나 옥시크린을 넣고 팍팍 삶으면 다시 원 상태로 돌아온다. 세탁은 컬러 있는 침구보다 오히려 더 편하다. 세탁기에 막 돌려도 되는데다 삶는 것도 가능하니 말이다.

나는 볕이 제법 좋은 날엔 아침부터 들통에 빨래를 삶는다. 세탁기에 삶는 코스도 있지만 뭐니 뭐니 해도 들통에 푹푹 삶는 맛이 최고다. 삶을 때 냉장고에 굴러다니는 비실비실한 레몬도 하나 넣는다. 음식점에서 육수 내는 큰 들통은 진짜 깊고 커서 빨래를 많이 넣고 삶아도 끓어 넘치지 않는다.

베이비 거즈 속싸개

원단을 사선 방향인 바이어스 방향으로 재단하여 원단 끝을 바이어스 테이프로 감싸 마무리하는 식으로 만든다. 무지 원단에 작은 꽃무늬나 체크 혹은 배색이 되는 원단을 바이어스 처리하면 예쁜 아기용품을 만들 수 있다. 그림에서 바이어스 만드는 법과 원단에 바느질하는 요령을 참고할 것.

원단 소요량 거즈 2마, 바이어스 1마(여유 있게 만들 수 있다)

1 거즈를 두 장 겹쳐서 가로세로 75cm×90cm로 재단한다.
2 바이어스를 폭 1.5cm가 되도록 테두리 분량(350~370cm)만큼 만들어둔다.
3 바이어스 안쪽의 시접 0.5cm를 완성선에 놓고 살살 박음질한다. 이때 테두리는 너무 당기지 말고 느슨하게 박음질한다.
4 바이어스를 뒤집어서 감싸게 한 뒤 앞에서 미리 완성선에 박음질한 선을 따라 시접을 접어가며 살살 숨은뜨기를 해서 마무리하거나 겉면에서 박음질해서 마무리한다.
5 예쁜 꽃무늬 라벨을 만들어 붙인다.

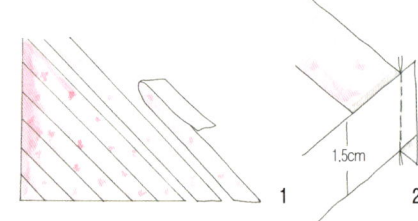
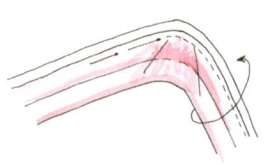
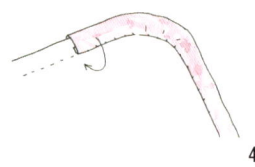

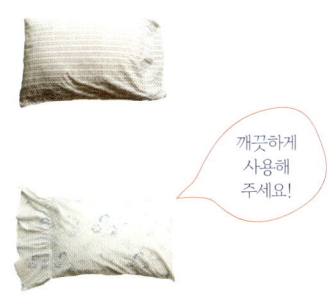

깨끗하게
사용해
주세요!

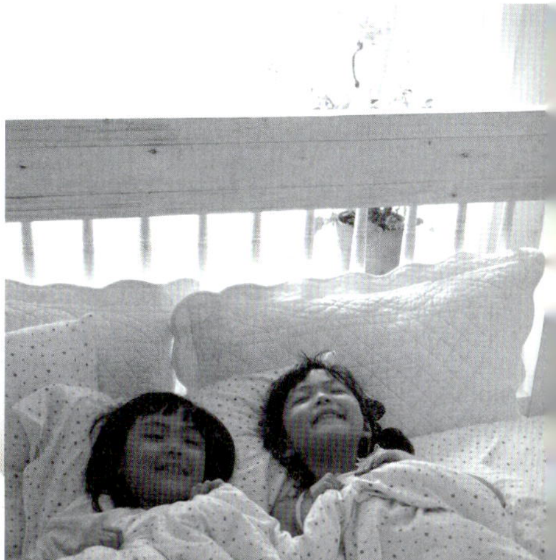

Tip 퀸은 작고 킹은 크다고 느껴진다면 루나가 좋아하는 사이즈를 참고해 보자. 가로 220×세로 230cm 사이즈면 옆에 사람이랑 이불다툼 안하고 좋다.

이불 커버

크기가 커서 그렇지 직선 박음질만 제대로 할 수 있으면 얼마든지 집에서도 만들 수 있다. 오히려 재봉보다 재단에 신경을 써야 예쁜 이불을 만들 수 있다. 재단을 할 땐 넓은 작업대가 없다면 바닥을 깨끗이 닦은 뒤에 원단을 세로 방향으로 반으로 접어 잘 펴서 마름질해야 한다. 보통 대폭 원단은 이불용 원단으로 나온 거라 재단만 해서 연결하면 되지만, 44~66인치 원단은 원단을 양쪽이나 한쪽으로 이어줘야 일반적인 이불 사이즈가 나온다. 마지막으로 이불 끈을 달아주는 단계도 재단할 때 미리 V자로 가위집을 넣어 꼼꼼히 표시를 해 두어야 제자리에 잘 달 수 있다(이불 끈 위치는 이불마다 다르므로 사용할 이불 속통의 위치에 맞춰야 이불 커버가 울지 않는다).

이불 커버에 지퍼를 달 경우 콘솔 지퍼나 일반 지퍼 중 선택해서 달아주면 된다. 또한 일단 기본을 알아두면 여러모로 응용 가능하다. 심플 이불 커버에 프릴을 달아주면 프릴 이불 커버가 되고, 앞판의 원단을 조각조각 이어 붙여주면 퀼팅 스타일 이불 커버가 된다. 모서리에 파이핑을 달아서 마무리해도 고급스럽다.

Tip 이불 커버 관리는 이렇게 차렵이불은 솜이 누벼진 이불이라 딱히 관리법이 필요하지 않지만 화이트 면 소재 이불 커버는 여러 번 사용하거나 계절이 바뀌어 깨끗이 세탁해서 보관해 놓아도 색이 누렇게 변하곤 한다. 특히 머리 닿는 부분이 제일 누렇게 변하는데, 그냥 찜찜하게 쓰는 것보다는 사용하기 전에 과탄산이나 산소계 표백제에 몇 시간 푹 담갔다가 폭폭 삶아서 다시 세탁하여 사용하면 오래된 묵은 이불 커버도 아주 하얗고 깨끗한 상태로 돌아온다.

계절이 지나 이불장에 보관할 때 미리 삶아서 보관하는 것보다 사용하기 직전에 삶아서 쓰면 냄새도 없고, 원단 상태도 더 좋아져서 호텔 부럽지 않은 상쾌한 이불을 사용할 수 있다. 순면 제품만 삶아서 쓸 수 있고, 혼방 소재는 삶으면 오히려 구김이 펴지지 않으니 삶기 전에 반드시 섬유 혼용률을 체크해 볼 것.

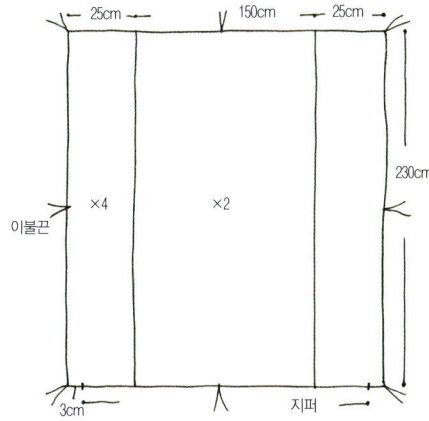
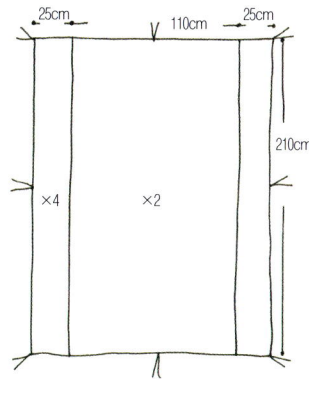

원단 소요량

퀸(200x230cm)&킹 사이즈(220x240cm) : 44인치 원단으로 9마, 60인치 원단으로 9마
싱글 사이즈(160x210cm) : 44인치 원단으로 7.5마, 60인치 원단으로 5마

1 원단을 잘 펴서 식서 방향 즉 세로 방향으로 접어서 그림처럼 재단한다(그림 사이즈에 반드시 각 변의 시접분 1.5cm를 추가한다).
2 대폭 원단이 아닌 경우나 싱글이어도 원단이 44인치나 54인치라 연결을 해줘야 하는 경우엔 연결해야 하는 폭의 원단도 재단한다. 다만 같은 사이즈로 2장이나 4장을 재단해야 하므로 원단을 겹쳐서 재단하면 더욱 쉽다.
3 원단을 재단하면서 원단의 중간에 가위집을 넣어 이불 끈을 달 위치를 표시해 둔다. 이불 끈이 중간과 모서리에 있다면 따로 표시를 하지 않아도 되지만, 그렇지 않다면 재단하면서 반드시 표시를 해 둔다.
4 원단을 가운데 큰 판과 양 옆판을 연결해서 올이 풀리지 않게 오버로크 한다.
5 연결해 둔 원단을 겉면끼리 마주보게 놓고 지퍼를 달아준다.
6 지퍼를 닫고 나머지 3면의 중간 지점을 표시해 둔 부분에 맞춰가며 앞뒤 판이 울지 않도록 살살 박음질하여 오버로크 해서 마무리한다.
7 표시해 둔 부분에 이불 끈을 단다.
8 뒤집지 않은 상태에서 완성선을 따라 다림질한다. 특히 모서리는 직각이 잘 살도록 다려서 그 모서리 끝에 손을 넣어 원단을 뒤집는다.
9 한쪽 선은 완성선을 따라 다림질이 되어 있으므로 나머지 한쪽을 다리미로 잘 눌러 다려주면 완성.

Tip 사용하면 좋은 침구용 원단 면 40수 이상 원단을 추천한다. 40수 고밀도(실을 더 촘촘히 직조한 원단), 60수 고밀도(호텔형 침구에 많이 사용), 80수 정도가 적당하다. 거즈처럼 너무 힘이 없는 원단은 내구성이 떨어져서 이불 커버로 적당하지 않고, 대신 솜을 넣은 차렵이불로 만들면 좋다.
면 30수도 많이 사용하지만 아무래도 실이 조금 두꺼워지면 그만큼 원단 조직이 뻣뻣해서 피부가 예민한 사람이라면 30수는 권장하고 싶지 않다. 만약 너무 맘에 드는 프린트 원단이 피부에 닿기엔 적절하지 않다면 그에 어울리는 40수 이상 순면 원단을 몸에 닿는 쪽으로 오게 만들면 된다.
퓨어 리넨도 최상급이다. 리넨 100%로 만든 원단을 하절기에 사용하면 솜이 살짝 들어간 이불이라도 통기성이 좋아 시원한 느낌이 든다. 속통을 넣는 디자인으로 만들지 않고 홑겹으로 만들어 여름용으로 사용하면 좋다.

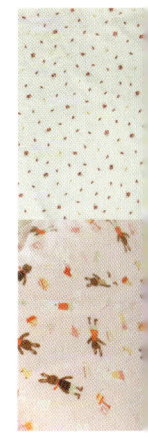

소파 커버링

소파 커버링은 수많은 홈패션 중에서 핸드메이드 작업이 제일 어려운 파트다. 그래서 직접 만들 수 있다면 가장 저렴하고 확실하게 집 안 분위기를 바꿀 수 있는 방법이기도 하다. 기본적인 바느질과 지퍼 다는 법, 본뜨는 법만 숙지한다면 분명 해볼 만한 가치가 있는 작업이다.

우리 집 소파는 옷이 많아요

봄에는 화사한 연노랑, 여름엔 시원한 화이트, 때로는 색이 바랜 듯한 청바지 색으로, 크리스마스 땐 빨간 줄무늬. 기분에 따라 계절에 따라 우리 집 소파는 가끔씩 옷을 갈아입는다. 깨끗하게 세탁해서 커버를 새로 입힌 패브릭 소파에 척~ 앉으면 "아! 좋다"라는 말이 절로 나온다. 물론 소파 커버 관리도 만만치 않다. 아이들이 뭐라도 흘리면 닦는 게 아니라 빨아야 하고, 먼지도 많이 난다. 그래도 난 패브릭 소파의 포근함을 절대 포기 못한다. 예전엔 거실에 5인용 소파가 있었는데 1인용 흔들 소파가 장렬히 사망한 후 적당한 것을 찾지 못해서 그냥 1, 3인용 소파로 버티고 있다. 내게 소망이 있다면 소파에 앉아 있는 걸 무지 좋아하는 우리 식구들을 위해 3인용 소파를 비슷한 스타일로 하나 더 들이는 거다. 하지만 여러 가지 여건상 좀 어렵다 보니 어느새 내 자리는 없어져버렸다. 그래서 늘 바닥에 외로이 앉거나 끼어 앉는데 때로는 엄청 눈치가 보이기도 하고, 짜증도 난다.

그래서 이번에 소파 스펀지를 바꾸면서 내 자리도 하나 당당히 만들었다. 골드 스펀지에 패딩솜을 딱 맞게 재단해서 둘러주고, 우리 집 넷째, 강아지 코아가 쉬해도 상관없이 방수 천 한 겹 더 두른 데다. 오리털같이 방방한 쿠션감을 위해서 틈새에 인형솜(방울솜)을 넣어 주었더니 폭신하면서도 아주 탄탄한 대방석 완성!! 사이즈도 65×65×14cm로 큼직해서 덩치 큰 사람도 완전 편안하다.

급한 마음에 흰색 지퍼를 단 것이 옥에 티였지만 손잡이도 만들어서 이동이 편리하고, 안 쓸 땐 한쪽에 세워놔도 되는 내 자리다!!! 그런데 스펀지 가격도 제법 비싸고, 패딩에, 방수 천에, 집에 있던 방울솜이지만 한 봉지가 다 소모되어 재료비가 은근 많이 들어갔다. 그래도 이제는 나만의 자리가 생겨서 너무 좋은 걸.

쓰레기장에서 만난 운명의 소파

가난한 유학생 신분으로 미국에서 살림하던 어느 날, 우리 부부는 아파트 쓰레기장에서 꼬질꼬질한 검정색 3인용 소파를 발견했다. 누군가 버린 것 같은데, 우리 눈에는 포터리반 소파보다 훨씬 좋아 보였다. 게다가 나는 재봉틀이 있으니 시도해 본 적도 없는 소파 커버링을 할 계획으로 무작정 집에 끌고 왔다. 이웃들이 층간 소음으로 신고해서 경찰이 들이닥칠까 봐 숨죽여 가며 밤낮으로 커버 만드는 작업을 했다. 드디어 나의 첫 화이트 소파 완성! 그렇게 완성된 소파 커버는 우리 가족의 그다지 여유롭지 못한 미국 생활과 앞으로의 내 인생을 윤택하게 해줄 가장 큰 아이템이 되었다. 우리가 한국으로 돌아올 때 그 낡은 소파를 받고 싶어서 줄을 설 정도로 인기 짱이었다. 한국에서 다시 구입해 10년 넘게 쓰고 있는 이 소파는 요즘도 수시로 커버를 바꿔 가며 행복하게 사용한다.

소파 스타일에 따른 커버 원단 소요량

원단 조각을 덧대는 방법이 아닌 덮어씌우는 방식으로 만들 수 있는 소파는 이네 가지 정도다. 그림에 적힌 원단 소요량은 54인치(137cm 폭) 기준으로 대략의 소요량이다. 작업할 소파의 사이즈나 원단 종류, 패턴에 따라 오차가 크게 발생하니 참고만 하시길. 소파 커버링 작업은 다른 홈 패브릭 작업과 다르게 항상 변수가 많으므로 원단은 너무 딱 맞게 구입하는 것보다 최소 2마는 더 여유 있게 장만하는 게 좋다. 만약 원단이 남는다면 같은 원단으로 쿠션이나 팔 덮개를 만들 수도 있으니 모자라서 당황하는 것보다 백배 나을 듯하다.

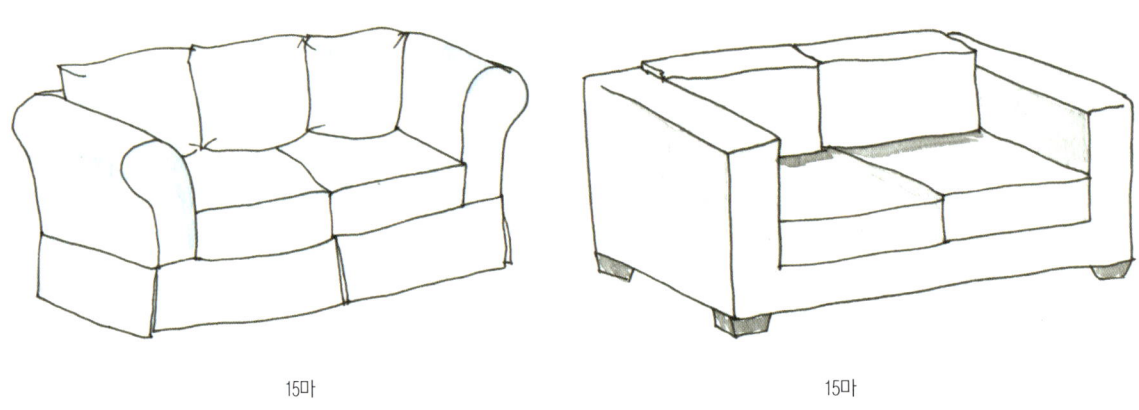

15마   15마

커버링이 가능한 소파 종류

소파 종류는 참 다양하다. 체스터필드, 잉글리시, 컨템퍼러리… 내가 좋아하는 외국 인테리어 책들에서 자료를 찾아보니 이런 어려운 이름의 소파들이 많았다. 그런데 우리나라 정서에 맞춰 분류해 보자면 팔걸이나 등받이 모두 네모와 직각 형태인 모던 스타일, 팔걸이가 동그라면서 슬립 커버가 있는 캐주얼 스타일, 주로 드라마 회장님 댁에 등장하는 나무 장식 프레임에 패브릭이나 가죽을 덧대어 만든 클래식 스타일, 누구나 무난하게 많이 사용하는 가죽 스타일, 나무 프레임에 원단이나 가죽으로 방석과 쿠션을 올린 벤치 스타일 등이 우리나라에서 가장 많이 사용되는 소파인 것 같다. 이 스타일 중 소파 커버를 할 수 있는 종류는 모던 스타일, 캐주얼 스타일, 벤치 스타일과 일부 가죽 스타일이 가능하다.

6마   7마

원단 패턴에 따른 종류

솔리드 아무런 무늬가 없는 원단을 통틀어 솔리드 원단이라고 한다. 작업하기 가장 무난하고, 색상의 선택에 따라 계절감이나 집 안 분위기를 다양하게 연출할 수 있어 커버링하기 제일 좋다. 패턴을 고려할 필요가 없어서 원단 소요량이나 자투리로 남는 원단도 가장 적다.

스트라이프, 체크 패턴 줄무늬나 체크 패턴이 있는 원단은 2인용 이상의 큰 소파엔 조금 부담스러울 수 있다. 하지만 무늬가 아주 자잘하지 않다면 1인용 의자나 소파 커버링은 집 안의 포인트도 되고 활기가 있어 보여서 좋다.

다만 커버링을 할 때 무늬 방향을 맞춰야 하므로 솔리드 원단으로 만들 때보다 1~1.5마 더 여유 있게 구입해야 한다.

플로럴 패턴 꽃무늬는 홈 패브릭 제품에 단골로 등장하는, 동서고금을 막론하고 매우 사랑받는 패턴이다. 소파에도 많이 응용되는데, 꽃무늬 역시 2인용 이상의 큰 소파에는 조금 부담스러워 보일 수 있다. 1인용 의자나 1인용 소파에 응용해 보는 게 실패할 가능성이 적다.

대부분 꽃 패턴은 반복되고, 위아래 방향이 있어서 패턴이 작다면 여유 원단을 많이 가질 필요는 없다. 반면 꽃무늬 패턴이 크다면 최소 2마 이상의 여유분을 갖고 시작해야 만들다가 혹 패턴 맞추기로 인한 원단 부족에도 안심할 수 있다.

소파 본뜨기
우리 집에 있는 캐주얼 스타일 소파 커버를 기준으로 조각조각 나눠보면 그림처럼 된다. 정확한 비율은 아니지만 대략 이런 식으로 본을 뜨면 되고, 팔걸이처럼 곡선이 있는 모든 부분은 줄자로만 재는 것이 아니라 광목으로 본을 떠서 실제 자로 잰 치수와 비교해 가면서 본을 완성해야 한다. 소파를 잴 때도 모서리가 마주치는 부분 사이즈는 다 같아야 했던 것처럼, 실제 본을 뜰 때도 만나는 모서리는 다 똑같은 사이즈여야 한다. 이렇게 본을 제대로 만들어 두면 다음번 커버링부터는 이 본만 가지고 재단하면 되므로 시간을 절약할 수 있다. 만약 기존에 사용하던 커버가 낡아서 버려야 한다면 그 커버를 분해해서 소파 커버 본으로 사용할 수 있으므로 버리지 말 것! 소파 커버를 원단에 배치할 때는 식서 방향으로 등판이나 방석 밑판 등을 길게 놓고 재단한다. 옆으로 길게 남는 부분은 스커트 장식으로 활용한다.

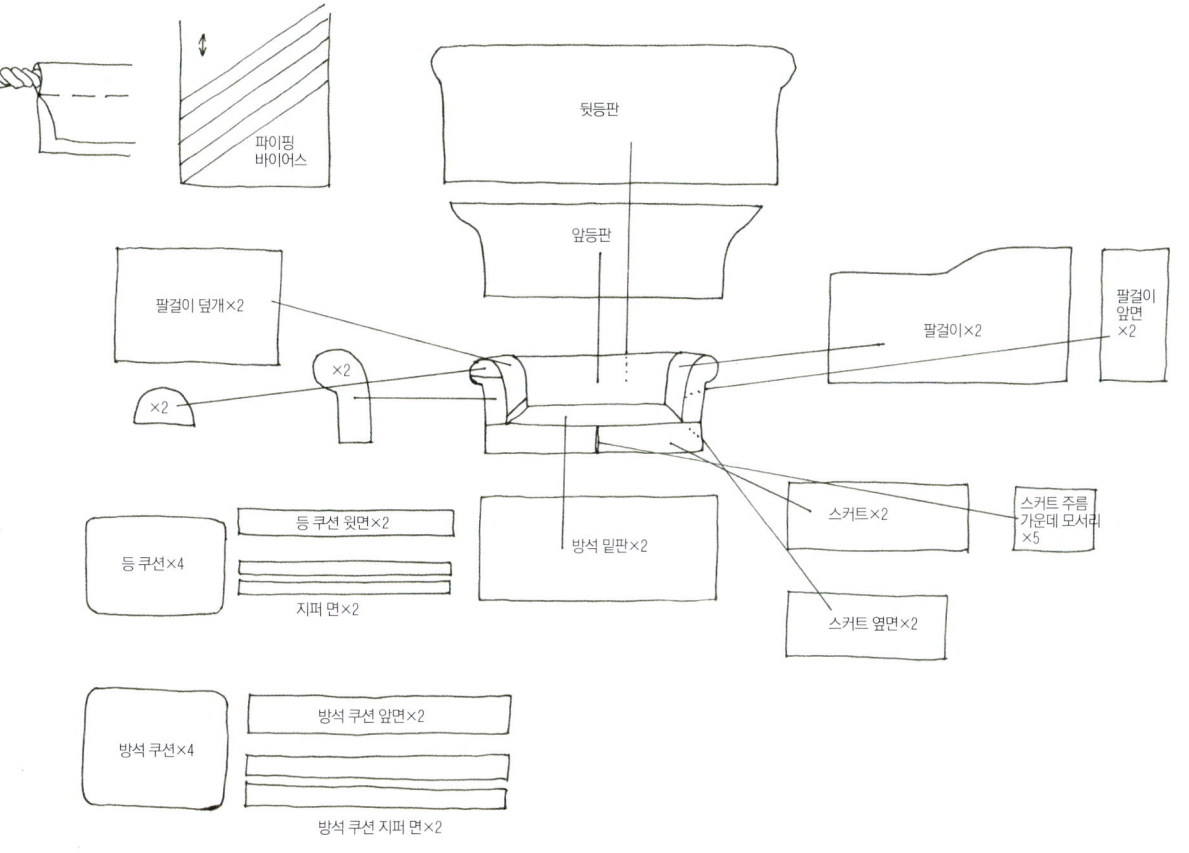

소파 재는 법

소파 커버만 바꿔도 새로 산 것 같은 기분을 만끽할 수 있다. 하지만 매우 번거롭고 엄두가 나지 않는 작업임에 분명하다. 그래서 직접 만들기보다는 전문 업체에 커버링을 맡기는 사람들이 많다. 하지만 바느질을 할 줄 안다면 큰맘 먹고 한 번쯤 시도해 보자. 일단 사이즈를 재는 일부터가 좀 까다로운데 이 과정만 거치고 나도 자신감이 두 배로 높아진다. 그럼 지금부터 소파 커버를 제대로 만들기 위한 실측 방법을 배워 볼까? 위에 소개한 그림처럼 소파의 이쪽 끝에서 저쪽 끝까지 잘 잡고 사이즈를 재야 하며, 각 면이 만나는 곳은 사이즈가 똑같아야 한다. 가령 소파를 입체 도형의 조합이라고 생각하면 어렵지 않게 잴 수 있다. 만약 사용하던 커버가 있다면 커버 사이즈를 다시 한 번 재서 비교해 가며 실측하면 실수를 줄일 수 있다.

소파 커버에 대한 Q&A

Q 패브릭 소파 쓸 만한가요?
패브릭 소파 하면 덜컥 겁이 나는 건 사실이죠. 그 많은 쿠션과 방석을 세탁하고 말리고, 휴~ 생각만 해도 땀이 나지만 실제로 제가 16년 동안 패브릭 소파를 써보니 의외로 단점보다 장점이 많아요. 우선 프레임에 씌우는 전체 커버는 그리 자주 세탁할 필요가 없고, 먼지가 좀 탈 뿐 더러움이 타진 않아요. 그러니 청소할 때 테이프 클리너로 한 번씩 먼지를 떼어내면 비교적 잘 유지됩니다. 제일 더러움이 많이 타는 곳은 팔걸이. 특히 밝은 색 소파 커버라면 때가 더 잘 타는데, 그 부분만 덧씌우는 커버를 만들면 해결되지요. 혹시 더러워지면 그 커버만 벗겨서 세탁하면 되니까요. 나머지 방석과 등 쿠션은 대부분 양면으로 만들어져서 더러움이 타면 한번 뒤집어 주면 되고, 좌석 부분은 소파 커버와 잘 어울리면서 사이즈가 잘 맞는 작은 담요나 깔개 등을 깔아주면 몇 개월이라도 깨끗하게 사용할 수 있어요.
그렇게 얼마간 사용하다가 커버를 교체할 때 전부 벗겨내서 세탁 후 보관하면 됩니다. 이때 쿠션 커버 중 하나를 주머니로 만들어서 여기에 나머지 커버들을 전부 차곡차곡 개서 보관하면 좋아요.

Q 패브릭 소파 어떤 색이 좋을까요?
제일 무난한 건 흰색 같아요. 흰색도 여러 종류가 있잖아요? 순백색은 백지 같아서 어느 공간에 놓든 다 잘 어울리죠. 특히 쿠션으로 포인트를 주면 공간이 예쁘게 확 살아나는 장점이 있어요. 아이보리색은 앤티크한 공간에 잘 어울리더라구요. 겉으로 보기엔 다 같은 흰색 같지만 집 안 분위기에 따라 조금씩 달리하면 한층 더 잘 어울릴 거예요.
세탁과 관리가 쉽지 않을까 봐 걱정할 필요는 없어요. 제가 여러 해 써보니 오히려 흰색이 제일 관리하기가 쉬웠답니다. 왜냐하면 흰색은 표백제를 사용하면 대부분 아주 깨끗하고 반짝반짝하게 세탁이 되거든요. 여차하면 삶는 것도 가능하구요. 반면 색상이 있는 원단은 색이 많이 바래더라구요. 그 점이 좋기도 하고 싫기도 하죠.
장난꾸러기 아들이 있어서 화이트는 정말 부담스럽다면 청바지 원단으로 만든 커버를 강추해요! 제가 좋아하는 원단이기도 한데, 만들 땐 두껍고 무거워서 좀 힘들지만 만들고 나면 늘 즐겨 입는 청바지처럼 익숙한 느낌에 더러움도 덜 타서 너무 좋아요. 그리고 청으로 커버를 만들면 공간이 좀 캐주얼해지는 느낌이 있어서 분위기 바꾸는 데도 최고죠.

Q 커버를 씌웠는데 구깃구깃하면 어쩌죠?
분무기로 물을 뿌려놓으면 자연스럽게 펴지니 걱정마세요.

Q 소파 커버 원단은 어떤 것이 좋을까요?

지금까지 정말 여러 가지 소재로 소파 커버를 만들었는데요, 제일 무난한 건 캔버스 원단 같아요. 10수 정도 두께가 되는 캔버스 원단이 제일 적당한데 면이라 세탁 후에 조금씩 줄어드니까 만들 때 전체 사이즈에서 1~2cm가량 여유를 두고 만들어야 나중에 커버를 못 씌우게 되는 낭패를 보지 않을 거예요(저도 간혹 하는 실수라 꼭 알려드리고 싶었어요).

옥스퍼드 원단도 써봤는데, 개인적으로 옥스퍼드 원단은 별로 추천하고 싶지 않아요. 만들어 놓으면 조직감이 있어서 고급스럽긴 한데 먼지가 너무 많이 붙는 소재라 관리하기가 꽤 불편하더라구요.

청 원단은 언제나 강추예요. 대부분 청색으로 염색을 한 거라 롤마다 색이 조금씩 달라요. 샘플만 보고 원단을 신청하면 다른 색 원단이 배달되는 건 감수해야 합니다. 밝기에 따라 진청·중청·연청으로 불리는데, 모두 세탁하면 조금씩 물이 빠져요. 즉 세탁하면 한 톤씩 밝아진다고 보면 되죠. 그러니 이를 염두에 두고 원단을 골라야겠어요. 저희 집 소파 커버도 처음엔 중청으로 만들었는데 어느새 연청이 되었거든요. 바로 그 점이 청 원단의 매력이라 내추럴풍을 좋아하는 저로서는 쉽게 손에서 놓기 힘든 편이죠.

만약 청 원단으로 소파 커버를 만든다면, 다 완성 된 커버를 세탁기에 넣고 뜨거운 물에 셀프 워싱 작업을 한 번 해야 됩니다. 그렇지 않고 바로 사용하면 옷에 다 이염돼서 곤란하답니다. 일본풍 내추럴 스타일을 좋아한다면 리넨이나 면마를 추천해요. 일단 원단이 얇아서 만들기가 쉽고, 뉴트럴 계열의 색상이 안정감을 주지요. 그런데 리넨 100% 원단은 가격대가 좀 있으니 3인용 소파보다는 1인용 소파에 약간 루스한 디자인으로 만들면 좋을 거예요. 리넨 종류는 모두 세탁 후 수축이 많은 원단이라 필요한 원단을 통째로 물에 담가두었다가 말려서 작업하는 선세탁 과정을 거치는 게 좋아요. 그게 귀찮으면 한 마 정도만 선세탁 해서 수축률을 계산한 뒤 작업해도 된답니다.

초보자도 쉽게 만들 수 있는 원단은 아무래도 해지 원단 같아요. 30수 정도 되는 두께라 원단이 얇으면서도 내구성이 있고, 색상도 연한 색부터 진한 색까지 다양하니까요. 그리고 세탁 후 수축률도 제일 적은 것 같아요. 원단이 무거우면 작업하기가 굉장히 어려운데 해지 원단은 일반 남방 정도 되는 두께라 가정용 재봉틀로도 부담 없이 작업할 수 있습니다. 하지만 이 원단도 색이 많이 변한다는 단점이 있는데, 저는 별로 신경 쓰지 않는답니다.

모던한 소파엔 화이트 데님 원단이 좋더라구요. 예전에 소파 커버 알바를 했을 때 화이트 데님 원단으로 만들어보니 원단에 힘이 있고, 내구성이 뛰어난 게 장점이었어요. 팔걸이가 무지로 떨어지는 모던한 스타일의 소파는 약간은 각이 잡히는 데님 원단이 안성맞춤이더군요. 원단 시장에 가면 화이트 데님 원단도 매우 다양한데 두께감이 있는 걸 원하면 20수, 조금 얇아도 되면 30수가 적당해요. 데님 원단이라고도 하지만 트윌 원단이라고도 합니다. 한편 스판 원단도 있는데, 사이즈에 딱 맞게 만들기엔 스판이 들어간 원단도 좋더라구요. 다만 바느질할 때 좀 더 꼼꼼히 바늘땀을 짧게 해서 만들어야 한답니다.

Q 소파 커버, 조금이라도 쉽게 만들려면 어떻게 해야 하나요?
소파 커버는 홈패션의 끝판왕이에요. 만들기도 가장 어렵고, 가격도 부르는 게 값이더라구요. 솔직히 저는 소파 커버를 맞춰드리는 일은 못 해요. 소파가 비슷비슷해 보여도 사이즈가 다 제각각이라 똑같은 모델이 아니고선 비슷해 보인다고 같은 옷을 입히면 절대 맞지 않거든요. 그래서 모두 100% 맞춤으로 이루어진답니다. 그러다 보니 공임이 무척 높지요. 어떤 업체는 소파를 화물로 실어가서 만들어 오기도 한다는데 가봉을 다니느니 그게 더 나을 것 같다는 생각도 합니다.

제일 좋은 건 내 소파 커버는 내 손으로 직접 만드는 거죠. 솜씨가 있으면 생초보도 설명만 대충 듣고도 잘 만드시더라구요.^^ 그런데 만드는 수고를 좀 덜고 싶다면 제일 까다로운 프레임 부분은 시간을 두고 꼼꼼히 집에서 본을 떠가며 만들고, 방석과 등받이 부분은 사이즈만 가지고도 만들 수 있으니 전문적으로 바느질하는 작업실에 보내서 만들어 오는 것도 효율적인 것 같아요.

저도 시간이 많지 않을 때는 실제 그렇게도 하거든요. 그러면 조금은 시간과 수고를 줄일 수 있을 거예요. 바느질을 해주는 곳은 원단 시장에 가장 많아요. 서울은 동대문 종합시장 지하와 강남 고속버스터미널 경부선 원단 시장 2층, 4층에 밀집되어 있답니다.

Q 만드는 재주도 없고, 시간도 없지만 패브릭 소파를 사고 싶어요. 어디서 사죠?
만드는 일이란 쉬운 사람에겐 쉽고도 재밌죠. 그런데 재봉틀도 없고, 만들기에 관심은 없어도 집 꾸미기를 좋아해서 패브릭 소파 사고 싶은 사람도 많지요. 그렇다면 제일 만만한 게 이케아에서 나오는 슬립 커버가 있는 소파를 구입하는 거예요. 이케아는 소파도 다양하고, 커버 종류도 많은 것 같아요. 그리고 같은 시리즈로 구입하면 커버끼리 호환도 되니 좀 더 경제적으로 사용할 수 있어요. 이케아가 마음에 들지 않으면 까사미아에서도 슬립 커버 소파가 나오는 걸로 알고 있어요. 또, 인터넷에서 '패브릭 소파'로 검색하면 많은 종류의 소파를 만날 수 있답니다. 사진만 갖다 주면 그대로 만들어주는 소파 공장도 있으니 그곳을 이용하는 것도 좋은 방법일 것 같아요.

Epilogue

리폼이 좋아, 정말 좋아!

지난 6개월간 책을 내기 위한 작업을 하느라 하루도 쉬지 않고 옷장을 뒤졌고, 집 안 곳곳의 낡은 부분을 손보았고, 소품들을 다시 재정비했다. 나의 그런 작업을 곁에서 지켜보던 가족이 나의 첫 심사위원들이었다.

"와! 좋다!"

"흠… 괜찮은데!"

"…"

환호도 있고, 썰렁한 반응도 있었다. 그런 반응에 일희일비도 엄청 했다. 하지만 기죽지 않았고, 멈추지도 않았고, 작업을 계속했다. 그런데 책 작업이 모두 끝나갈 무렵쯤 되자 멋 좀 내는, 자신을 위한 쇼핑도 매우 즐기는, 자칭 '꽃중년' 남편이 스스로 자기 옷을 리폼하고 있었다. 사포와 커터 칼을 들고선 낡은 느낌의 진을 만들고, 바지 밑단을 잘라서 자연스레 올을 풀기도 하고…. 와! 엄청난 변화였다.

게다가 막내딸은 자기가 제일 사랑하는 청바지의 특정 부분을 사포로 문질러서 구멍을 내달라 요청하고, 둘째 딸은 애지중지 아끼는 인형들에게 레깅스를 비롯한 여타의 옷들을 엄청 만들어 입혔다. 서당 개 3년이면 풍월을 읊는다더니 '루나홈' 패밀리로 살면서 온 가족이 리폼 애호가로 변한 것이다.

내 가족이 그랬듯, 이 책을 만나는 사람들에게도 그런 재미난 리폼 기운이 솟아났으면 한다. 무언가 내 손으로 조물조물 새롭게 다시 만드는 것에 대한 기쁨은 새것을 사는 기쁨과는 아주 다른 큰 카타르시스를 안겨 주기 때문이다. 그 재미를 이 책으로 함께 나누고 싶다.

혹자는 그렇게 말할 수도 있다. 구질구질하게 굴지 말고 그냥 하나 사고 말지 언제 고치냐고. 하지만 한번 빠지면 헤어 나올 수가 없다.

왜냐면 리폼은 정말 재미나니까!

루나 김문정 씀

리폼이 좋아

초판 1쇄 발행 2014년 7월 30일

지은이 | 김문정
펴낸이 | 김우연, 계명훈
기획·진행 | fbook
　　　　　김수경, 김연, 배수은, 박혜숙, 최윤정
마케팅 | 함송이
경영지원 | 이보혜
디자인 | design group ALL(02-776-9862)
사진 | 한정수(etc. studio 02-3442-1907), 김문정
일러스트 | 김문정
교정 | 김혜정
인쇄 | 애드샵
펴낸 곳 | for book 서울시 마포구 공덕동 105-219 정화빌딩 3층
　　　　 02-753-2700(판매) 02-335-3012(편집)
출판 등록 | 2005년 8월 5일 제 2-4209호

값 15,000원
ISBN 978-89-93418-83-5　 13590

본 저작물은 for book에서 저작권자와의 계약에 따라 발행한 것이므로
본사의 허락 없이는 어떠한 형태나 수단으로도 이 책의 내용을 사용할 수 없습니다.

※ 잘못된 책은 바꾸어 드립니다.